Mosaik

# Die besten Rezepte

# aus Franken

Zusammengestellt und bearbeitet
von Ulla Jacobs

## MOSAIK VERLAG

# Inhalt

# Vorwort

Wer die fränkische Küche mit der bayrischen gleichsetzt, der irrt, denn die Franken haben ihre kulinarischen Traditionen bewahrt. Hie und da sind nachbarschaftliche Einflüsse aus Schwaben und Thüringen spürbar. Aber im wahrsten Sinne des Wortes ist es ja vorteilhaft, über den eigenen Tellerrand hinauszublicken. Neben einer großen Anzahl bodenständiger Gerichte zählen folgende Spezialitäten zu den typisch fränkischen: Bratwürste – gebraten, geräuchert oder blaugekocht –, Süßwasserfische – allen voran der Karpfen, liebevoll Dicker genannt –, Klöße in vielen Variationen sowie die über fränkische Grenzen hinaus berühmten Lebkuchen, die schon im späten Mittelalter in Nürnberg gebacken wurden. Aber die Franken lieben nicht nur gutes Essen, sondern auch einen guten Tropfen. Frankenwein, in bauchige Bocksbeutelflaschen abgefüllt, hat zu Recht einen hervorragenden Ruf. Das gilt auch für fränkisches Bier: das tiefdunkle Kulmbacher oder das Bamberger Rauchbier, um nur zwei Beispiele zu nennen. Franken bietet nicht nur eine interessante Küche, wie Sie im nachfolgenden Rezeptteil feststellen werden, sondern ist auch landschaftlich ein Erlebnis.

# Vesperle und Salate

# Nürnberger Ochsenmaulsalat

**Zutaten für 4 Personen**

200 g Ochsenmaulsalat
2 Zwiebeln
2 Gewürzgurken
2 Tomaten
Für die Marinade:
3 Eßlöffel Mayonnaise
2 Eßlöffel Milch
1 Teelöffel Senf
1 Teelöffel Sardellenpaste
1 Teelöffel geriebener
Meerrettich
Salz
Pfeffer
1 Prise Zucker
1/2 Bund Petersilie

Ob Sie es glauben oder nicht: Ochsenmaulsalat ist eine ausgesprochen pikante Delikatesse. Er wird aus gekochtem, gepökeltem Ochsenmaul hergestellt. Fragen Sie mal in Nürnberg, da wird man's Ihnen gern bestätigen.

Ochsenmaulsalat auf einem Sieb abtropfen lassen. Zwiebeln schälen und in hauchdünne Ringe schneiden. Gewürzgurken fein würfeln. Tomaten mit kochendem Wasser überbrühen, häuten, vierteln, Stengelansätze rausschneiden und Tomaten entkernen.

Ochsenmaulsalat mit Zwiebeln, Gewürzgurken und Tomaten in eine Schüssel geben.

Für die Marinade Mayonnaise mit Milch, Senf, Sardellenpaste und Meerrettich in einer zweiten Schüssel verrühren. Mit Salz, Pfeffer und Zucker würzen. Über die Salatzutaten geben. Gut mischen. Zugedeckt 10 Minuten in den Kühlschrank stellen.

In einer Salatschüssel anrichten. Mit abgebrauster, trockengetupfter und fein gehackter Petersilie bestreut servieren.

Beilagen: Brot und Butter.

# Liptauer Käse

Ganz gleich, ob Sie einen Ungarn oder einen Franken fragen. Beide werden Ihnen beschwören, daß Liptauer Käse eine Spezialität aus ihrer Heimat sei. Denn in Ungarn wie in Franken ist Liptauer gleichermaßen bekannt und beliebt. In Franken zum Beispiel darf er zum Federweißen nicht fehlen. Für den selbstgemachten Liptauer (es gibt ihn auch fertig im Handel) gibt es eine ganze Reihe von Rezepten. Probieren Sie doch mal unseres:

Quark und Roquefort durch ein Sieb passieren. Mit Milch, Butter und saurer Sahne verrühren. Salz, Paprika und Senf zufügen. Pikant abschmecken. Auf vier Teller verteilen oder in vier Portionen auf einer Platte anrichten.
Für die Garnierung Zwiebel schälen und fein hacken. Schnittlauch unter kaltem Wasser abspülen. Mit Haushaltspapier trockentupfen und fein schneiden. Kapern und Sardellenfilets abtropfen lassen. Jede Portion mit Zwiebelwürfeln, Kapern, Schnittlauch und je einem Sardellenfilet garnieren.
Wozu reichen? Mit Butter zu Bauern- oder Kümmelbrot. Dazu schmeckt Bier oder – wie gesagt – der Federweiße.

Sie können den Liptauer noch beliebig würzen, zum Beispiel mit 3 Eßlöffel Frankenwein oder Bier, mit Kümmel, einem gekochten, passierten oder gehackten Eigelb oder mit geriebenem Schweizer Emmentaler.

**Zutaten für 4 Personen**

250 g Quark
80 g Roquefort
2 Eßlöffel Milch
20 g Butter
50 g saure Sahne
Salz
1 Eßlöffel Paprika edelsüß
1 Messerspitze Senf
Für die Garnierung:
1 kleine Zwiebel
$1/2$ Bund Schnittlauch
1 Eßlöffel Kapern aus dem Glas
4 Sardellenfilets aus Dose oder Glas

# Obatzter

75 g Butter
200 g Camembert
1 gehäufter Teelöffel
Paprika edelsüß
1 kleine Zwiebel
1/2 Bund Schnittlauch

Obatzter ist eine delikate Camembertcreme – eine typische Vesperspeise. In manchen Gegenden sagt man auch Gerupfter dazu.
Servieren Sie diese Käsemischung doch mal am nächsten Weinabend. Dazu sonst nur Salzgebäck, Schwarz- oder Stangenweißbrot. Jeder dipt damit in die Creme. Auch als Aufstrich schmeckt Obatzter vorzüglich.

Butter schaumig rühren. Camembert, der nicht reif sein darf, mit der Gabel fein zerdrücken. Mit der Butter mischen. Paprika zugeben. Gut verrühren. Geschälte Zwiebel fein würfeln. Gewaschenen Schnittlauch kleinschneiden. Beides in die Creme rühren. In einer Schüssel anrichten.

# Schlachtschüssel

750 g Schweinefleisch (Bauch, Brustspitz, Backe und Kamm)
1 Zwiebel
Salz
6 Pfefferkörner
1 Bund Suppengemüse, geputzt und kleingeschnitten
1 Lorbeerblatt
1 Nelke
1 Pimentkorn

Das Fleisch waschen und mit den übrigen Zutaten in einen Suppentopf geben. Mit Wasser auffüllen, so daß das Fleisch bedeckt ist. Aufkochen und bei Mittelhitze in $1^1/_2$ Stunden garen. Herausnehmen und in Scheiben schneiden. Beilagen: Senf, Meerrettich und Bauernbrot. Nach Belieben auch Sauerkraut.

# Saure Zipfel

S aure oder Blaue Zipfel sind ein typisch fränkisches Vespergericht. Die Würstchen werden in
einem Sud sozusagen „blaugekocht".

Für den Sud Wasser mit den übrigen Zutaten aufsetzen und so lange köcheln lassen, bis die Zwie-
belringe gar sind. Die Bratwürste zufügen und bei
kleiner Hitze in 15–20 Minuten gar ziehen lassen.
Die Sauren Zipfel samt Sud in eine Suppenterrine
umfüllen und servieren. Oder die Würstchen mit
einigen Zwiebelringen und etwas Sud auf Tellern
anrichten.
Beilagen: Meerrettich, Senf und Bauernbrot.

**Zutaten für 4 Personen**

**24 Nürnberger Bratwürstchen**
**Für den Sud:**
**3 Zwiebeln, geschält und in**
**Scheiben geschnitten**
**3 Eßlöffel Essig**
**2 Teelöffel Zucker**
**1 Teelöffel Salz**
**1 Teelöffel Pfefferkörner**
**1 Lorbeerblatt**
**2 Nelken**
**5 Wacholderbeeren, zerdrückt**

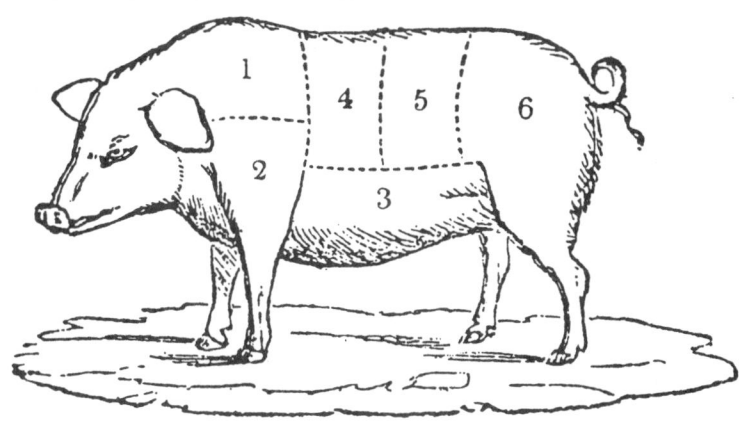

# 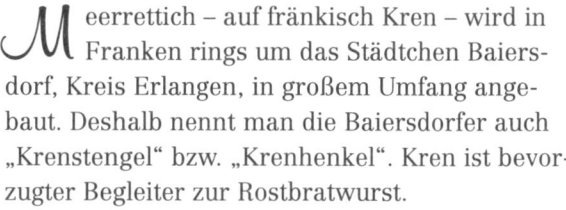 Meerrettichsahne

**Zutaten für 4 Personen**

---

¹/₄ l Sahne
1 Prise Zucker
3 Eßlöffel geriebener
Meerrettich, frisch oder
aus dem Glas
1 Teelöffel Zitronensaft
Salz
weißer Pfeffer

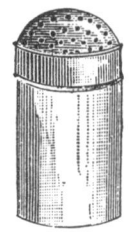

Meerrettich – auf fränkisch Kren – wird in Franken rings um das Städtchen Baiersdorf, Kreis Erlangen, in großem Umfang angebaut. Deshalb nennt man die Baiersdorfer auch „Krenstengel" bzw. „Krenhenkel". Kren ist bevorzugter Begleiter zur Rostbratwurst.

Sahne mit Zucker in einer Schüssel steif schlagen. Den Meerrettich unterheben. Mit Zitronensaft, Salz und Pfeffer abschmecken. Bis zum Servieren in den Kühlschrank stellen.
Wozu reichen? Zu gebratenem Fisch und Fleisch, zu gekochtem Fisch, Lachs und Grilladen, zu geräucherten Forellen.

 Sie können zusätzlich noch 1 Eßlöffel Orangensaft und die abgeriebene Schale einer halben Orange in die Meerrettichsahne geben. Dann wird sie etwas lieblicher. Meerrettichsahne mit saurer anstelle von süßer Sahne zubereitet eignet sich hervorragend als Dip für Fleischfondue oder als Soße zu kaltem Braten und Roastbeef.

# Tellersulz

$\mathcal{J}$n Franken ißt man Tellersulz zur Vesper, im übrigen Bayern als Brotzeitschmankerl. Man kann sie beim Metzger oder Fleischer kaufen oder nach altem Rezept selber zubereiten.

Schnauze, Ohren, Füße und Schwanz waschen. In einen großen Topf mit kochendem, gesalzenem Wasser geben. In 70 Minuten zugedeckt gar kochen lassen.
Suppengrün putzen, waschen, abtropfen lassen und kleinschneiden. Nach 40 Minuten Kochzeit zusammen mit Lorbeerblatt, Nelken und Pfefferkörner in die Brühe geben.
Fleisch aus der Brühe nehmen, häuten und von den Knochen lösen. In gleichmäßige Stücke schneiden. Auf vier Suppenteller verteilen. Abkühlen lassen.
$1/2$ l Brühe in einen Topf sieben und entfetten. Abkühlen lassen. Mit Essig, Salz und Pfeffer abschmecken. Gelatine einweichen und ausdrücken. In einem Topf mit wenig heißem Wasser auflösen und in die Brühe rühren. Fleisch mit der Brühe übergießen. Sülze kalt stellen und in 2 bis 3 Stunden erstarren lassen.
Beilagen: Gewürzgurken, Remoulade und Röstkartoffeln oder kräftiges Landbrot. Als Getränk ein kühles Bier.

**Zutaten für 4 Personen**

Schnauze, Ohren, Füße und Schwanz eines Schweines ca. 3 1/2 kg
3 l Wasser
Salz
200 g Suppengrün
1 Lorbeerblatt
2 Nelken
5 Pfefferkörner
2 Eßlöffel Essig
Salz
schwarzer Pfeffer
3 Blatt weiße Gelatine

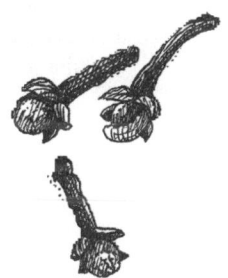

# Kümmelwecken

**Zutaten**

**Für den Teig:**
300 g Mehl
20 g Hefe
1/8 l lauwarme Milch
1 Teelöffel Zucker
1 Eßlöffel Kümmel
Butter
1 kräftige Prise Salz
abgeriebene Schale einer
Zitrone
1 Ei
60 g Butter
**Außerdem:**
Margarine zum Einfetten
1 Eigelb
1 Teelöffel Milch
1 Prise Salz
2 Eßlöffel Kümmel

Mehl in eine Schüssel geben. In die Mitte eine Mulde drücken. Hefe reinbröckeln. Mit etwas lauwarmer Milch und dem Zucker zum Vorteig verrühren. Zugedeckt 15 Minuten an einem warmen Platz aufgehen lassen.

Inzwischen Kümmel hacken. Dazu Kümmel mit etwas Butter mischen, damit die Kümmelkörner nicht vom Brett springen. Restliche Milch, Salz, gehackten Kümmel, Zitronenschale und das Ei draufgeben. Butter in Flöckchen auf den Mehlrand setzen. Alles zu einem glatten Teig verarbeiten. So lange schlagen, bis er sich vom Rand löst.

Nochmal 45 Minuten aufgehen lassen.

Runde Wecken (Brötchen) von 4 cm Durchmesser formen. Im Abstand von etwa 4 cm auf ein gefettetes Backblech setzen. Nochmal 10 Minuten gehen lassen. Eigelb und Milch in einem Becher verschlagen. Salz zugeben. Wecken damit bestreichen. Kümmel drüberstreuen. In den vorgeheizten Ofen auf die mittlere Schiene schieben. Backzeit: 25 Minuten bei 220 Grad. Rausnehmen. Kümmelwecken auf einem Kuchendraht abkühlen lassen. Ergibt 8 Stück.

Sie können die Wecken auch vor dem Backen mit gerösteten Speck- und Zwiebelwürfeln bestreuen und kreuzweise einritzen. Das sind dann die beliebten Speckwecken.

# Speckkuchen

Mehl in eine Schüssel geben. In die Mitte eine Mulde drücken. Hefe reinbröckeln. Hefe mit etwas Milch und wenig Mehl zum Vorteig verrühren. Mit einem Küchentuch zugedeckt an einem warmen Ort 15 Minuten aufgehen lassen. Restliche Milch, Ei und Salz zum Vorteig geben. Alles zu einem glatten Teig kneten. Schlagen, bis er sich von der Schüssel löst. Danach nochmal 25 Minuten mit einem Küchentuch zugedeckt gehen lassen. Auf der bemehlten Arbeitsfläche in Backblechgröße ausrollen. Backblech mit Margarine einfetten und mit dem Hefeteig belegen. Den Rand dabei etwas hochdrücken. Hefeteig nochmal zugedeckt 15 Minuten gehen lassen.

In dieser Zeit für den Belag Schinkenspeck 1/2 cm groß würfeln. Zwiebeln schälen und auch würfeln. Mit den Schinkenwürfeln in einer Schüssel mischen. In einer anderen Schüssel Eier mit saurer Sahne verquirlen und mit Salz, Pfeffer und Kümmel pikant würzen.

Aufgegangenen Hefeteig mit Speck- und Zwiebelwürfeln belegen. Eiermasse drübergießen. Blech in den vorgeheizten Ofen auf die mittlere Schiene schieben. Backzeit: 30 Minuten bei 220 Grad.

Den Speckkuchen rausnehmen und in 24 Stücke (10 mal 5 cm groß) schneiden. Auf einer vorgewärmten Platte anrichten und noch heiß servieren. Wann reichen? Mit einer Bouillon vorweg als Mittagessen. Dazu schmecken alle Rohkostsalate. Der Speckkuchen kann aber auch mit einem Glas Landwein oder kühlem Bier als Abendessen oder Partyimbiß serviert werden.

**Zutaten für 4–6 Personen**

**Für den Teig:**
500 g Mehl
30 g Hefe
1/4 l lauwarme Milch
1 Ei
1 Prise Salz
Mehl zum Ausrollen
Margarine zum Einfetten
**Für den Belag:**
250 g Schinkenspeck
250 g Zwiebeln
3 Eier
1/4 l saure Sahne
Salz
schwarzer Pfeffer
1 Eßlöffel Kümmel

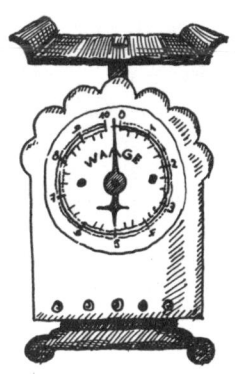

# Griebenkuchen

**Zutaten für 4 Personen**

300 g Mehl
20 g Hefe
1 Prise Zucker
knapp ¹/₈ l lauwarme Milch
300 g Pellkartoffeln
2 Eier
Salz
frisch gemahlener
schwarzer Pfeffer
250 g Grieben
Margarine zum Einfetten

Wer diesen deftigen Kuchen backen will, muß zuvor Schmalz bereiten. Denn Grieben oder Grammeln sind die festen Teile, die übrig bleiben, wenn man Flomen, also Schweinefettlappen, zu Schmalz ausläßt. Von etwa 1 kg Flomen erhalten Sie rund 250 g Grieben, denen noch viel Fett anhaftet. Sie können für das Schmalz auch sogenannten grünen Speck (frischen, ungeräucherten) verwenden und dann die Grieben nehmen. Lassen Sie das Fett aus, fischen Sie die Grieben mit einem Schaumlöffel raus und lassen Sie sie gut abtropfen.

Mehl in eine Schüssel geben. In die Mitte eine Mulde drücken und die Hefe reinbröckeln. Mit dem Zucker, etwas Milch und etwas Mehl zum Vorteig verrühren. Mit Mehl bestäuben, mit einem Küchentuch bedeckt 20 Minuten an einem warmen Ort gehen lassen.
In der Zwischenzeit die Pellkartoffeln schälen und durch eine Kartoffelpresse drücken. Dann die restliche Milch, die aufgeschlagenen Eier, etwas Salz und Pfeffer zum Vorteig geben und unterkneten. Die noch nicht ganz abgekühlten Kartoffeln und die leicht erwärmten Grieben über den Teig schütten. Alles gut durchkneten. Den Teig so lange schlagen, bis er sich vom Schüsselrand löst. Zugedeckt nochmal 30 Minuten gehen lassen.
Teig mit einem abgespülten Löffel auf das eingefettete Backblech streichen und nochmal 10 Minuten gehen lassen. Blech in den vorgeheizten Ofen auf die mittlere Schiene schieben. Backzeit: 40 Minuten bei 200 Grad.

Blech aus dem Ofen nehmen. Kuchen in 25 Stücke
schneiden und noch warm servieren.
Wozu reichen? Griebenkuchen schmeckt vor allem
zu frischem Bier und jungem Wein.

 Wer mag, kann den Teig zusätzlich
noch mit Majoran oder Kümmel
würzen.

## Fränkischer Kartoffelsalat

Kartoffelsalat – Bodaggnsalat – ist in Franken eine bevorzugte Beilage zu Würsten,
gebackenem Fisch und Fleischgerichten.

Kartoffeln abbürsten, in einem Topf mit Wasser
bedeckt vom Kochen an in 30 Minuten garen. Abgießen, unter kaltem Wasser abschrecken und abziehen. Noch warm in Scheiben schneiden. In eine
Schüssel geben und im heißen Wasserbad warm
stellen. Für die Marinade Zwiebel schälen und
fein hacken. Essig, Senf, Öl, Salz, Pfeffer verrühren, die Zwiebelwürfel und die Fleischbrühe
dazumischen und über die Kartoffelscheiben
gießen. Vorsichtig vermischen. Den Salat dann im
heißen Wasserbad 20 Minuten durchziehen
lassen.
Inzwischen Schnittlauch unter kaltem Wasser abbrausen, trockentupfen und in Ringe schneiden.
Vor dem Servieren über den Salat streuen.

**Zutaten für 4 Personen**

1 kg Salatkartoffeln
1 Zwiebel
6 Eßlöffel Weinessig
1 Teelöffel Senf
2 Eßlöffel Öl
Salz
schwarzer Pfeffer
Zucker
$^1/_8$ l heiße Fleischbrühe
1 Bund Schnittlauch

# Fränkischer Wurstsalat

**Zutaten für 4 Personen**

---

150 g Leberkäse oder
Fleischwurst
200 g Preßsack
150 g gekochtes Ochsenmaul
Für die Salatsoße:
2 Zwiebeln
5 Eßlöffel Öl
4 Eßlöffel Essig
Salz
Pfeffer
5 Eßlöffel Wasser

Fleisch bzw. Wurst in schmale Streifen schneiden. In einer Schüssel, in der auch die Fleischstreifen Platz haben, die Salatsoße herstellen. Dafür die Zwiebeln schälen und in sehr kleine Würfel schneiden. Die übrigen Zutaten verrühren, Zwiebelwürfel und Fleischstreifen untermischen. Mindestens 1–2 Stunden im Kühlschrank marinieren lassen.
Beilage: Landbrot und als Getränk Bier.

# Krautsalat

**Zutaten für 4 Personen**

---

1/2 Weißkohl (ca. 500 g)
Salz
1 Eßlöffel Essig
weißer Pfeffer
1 Prise Zucker
1 Teelöffel Kümmel
1 Zwiebel
50 g Schinkenspeck

Die äußeren Blätter vom Kohl lösen, den Kohlkopf zunächst halbieren, dann vierteln und waschen. Die Viertel bis auf den Strunk fein hobeln. Kohlstreifen 5 Minuten in 1 Liter siedendem Salzwasser blanchieren und in ein Sieb abgießen. Essig, Pfeffer, Salz, Zucker und Kümmel zu einer Marinade rühren. Die Zwiebel schälen, in kleine Würfel schneiden und dazugeben.
Die blanchierten, noch warmen Kohlstreifen gut mit der Marinade mischen. Den Speck in feine Würfel schneiden und in einem Pfännchen kroß ausbraten.
Heiße Speckwürfel unter den Krautsalat mischen und lauwarm servieren.

# Hopfensprossensalat

Hopfensprossen schmecken zwar gut, aber sie können als Gemüse keine große Bedeutung gewinnen, weil man sie nur im süddeutschen Hopfenanbaugebiet und in Frankreich kaufen kann. Meistens auch nur direkt vom Hopfenanbauer. Hopfensprossen, die auch Hopfenkeime oder Hopfenspargel heißen, werden im März und April zu Gemüsen und Salaten zubereitet. Denn das ist die Zeit der ersten Hopfentriebe. Geschmacklich erinnern sie an Spargel (daher auch falscher Spargel), Chicorée und Lauch. Zubereitet wird dieses Frühgemüse zum großen Teil wie Spargel.

**Zutaten für 4 Personen**

500 g Hopfensprossen
Salz
125 g Mayonnaise
1 Eßlöffel Zitronensaft
weißer Pfeffer
1 Messerspitze Cayennepfeffer
$^1/_2$ Teelöffel Senf
1 Prise Zucker
100 g geschlagene Sahne

Die Hopfensprossen waschen, falls nötig, holzige Teile wegschneiden. Die Sprossen in kochendem Salzwasser in 10–12 Minuten gar kochen, abgießen und abkühlen lassen.
Die Mayonnaise mit 2 Eßlöffeln Kochwasser und Zitronensaft verrühren. Mit den Gewürzen abschmecken. Die Sahne unterheben.
Die Hopfensprossen mit der Soße übergießen und noch etwas durchziehen lassen.

# Spargelsalat

**Zutaten für 4 Personen**

1 kg Spargel
3 l Wasser
Salz
20 g Butter
Für die Kräutermarinade:
8 Eßlöffel Öl
3 Eßlöffel Weinessig
Salz
weißer Pfeffer
1 Prise Zucker
je 1/2 Bund Petersilie
Schnittlauch und Kerbel
(oder je 1 Teelöffel
getrocknete Kräuter)
2 Zweige frischer Estragon
oder 1 Prise getrockneter

Fränkischer Spargel ist eine Delikatesse. Neben Spargel mit Bratwurst oder Schinken gehört kalter Spargel in Kräutermarinade zu den Lieblingsrezepten.

Spargel schälen, waschen. Wasser mit Salz und Butter in einem großen, flachen Topf zum Kochen bringen. Spargel reingeben. Einmal sprudelnd aufkochen und bei schwacher Hitze 15 Minuten weiterkochen lassen.
In der Zwischenzeit für die Marinade Öl mit Essig in einer Schüssel verrühren. Mit Salz, Pfeffer und Zucker würzen. Petersilie, Schnittlauch, Kerbel und Estragon abspülen, trockentupfen und fein hacken. Auch reingeben (oder die getrockneten Kräuter zufügen). Nochmal abschmecken.
Spargel aus dem Topf nehmen. Gut abtropfen lassen. Auf einer großen Platte anrichten. Soße über den Spargel gießen. Vor dem Servieren 1–2 Stunden durchziehen lassen.

 Wer mag, kann die Kräutersoße mit Senf, zwei Schalotten, einem hartgekochten Ei und einer kleinen Gewürzgurke (alles fein gehackt) erweitern.

# Roggenwecken

S auerteig und Wasser verrühren. Mit einem
feuchten Tuch zugedeckt 3 Stunden gären lassen. Dreiviertel des Weizenmehls, 50 g Joghurt
und 75 ccm Wasser unterrühren. Mit einem feuchten Tuch bedeckt 12 Stunden bei Zimmertempera-
tur stehen lassen.

Hefe, Wasser und Zucker verrühren und 15 Minuten gehen lassen. Hefemischung und die restlichen Zutaten zum Sauerteig geben. Alles 10 Minuten lang gut durchkneten. Falls der Teig zu fest ist,
noch etwas Wasser unterkneten.

Von dem Teig 50 g schwere Teigstücke abnehmen
und zu Wecken (Brötchen) formen. Sie müssen
eine glatte Oberfläche aufweisen.

Backblech einfetten und dünn mit Mehl bestäuben. Wecken daraufsetzen und leicht einkerben.
Mit Wasser bestreichen. Mit einem feuchten Tuch
bedeckt an einem warmen Ort 90 Minuten gehen
lassen. Noch einmal mit Wasser bestreichen.

Blech in den vorgeheizten Ofen auf die mittlere
Schiene stellen. Wasser auf den Boden des
Backofens gießen. Tür sofort schließen. Backzeit:
5–6 Minuten bei 240 Grad. Dann Backofentür öffnen, damit der Dampf entweichen kann. Nach
5 Minuten Tür schließen. Backzeit: 25–30 Minuten
bei 200 Grad.

Wecken abkühlen lassen.

Ergibt 13 Stück.

**Zutaten**

15 g Sauerteig
2 Eßlöffel lauwarmes Wasser
(30 ccm)
200 g Weizenmehl
100 g Joghurt
100 ccm lauwarmes Wasser
15 g Hefe
2 Eßlöffel lauwarmes Wasser
(30 ccm)
1 gestrichener Teelöffel
Zucker
300 g Roggenmehl
(Typ 1800)
1 1/2 gestrichene Teelöffel Salz
3/4 Teelöffel gemahlener
Kümmel
Öl zum Einfetten
Mehl zum Bestäuben
Wasser zum Bestreichen
Außerdem:
75 ccm Wasser

# Suppen und Eintöpfe

# Festtagssuppe

**Zutaten für 4 Personen**

250 g Rindermarkknochen
1¹/₂ l Wasser
500 g Rindfleisch zum Kochen
Suppengemüse:
1 Zwiebel
1 Stange Lauch
¹/₄ Sellerieknolle
1 Möhre
1 Petersilienwurzel
Gewürzdosis:
1 Teelöffel Salz
¹/₂ Lorbeerblatt
2 Pfefferkörner
3 Senfkörner
1 Nelke
2 Wacholderbeeren

Die fränkische Festtagssuppe besticht durch ihre unterschiedlichen Einlagen: verschiedene Klößchen und Schwimmerle. Wird sie als Hochzeits- oder Kirchweihsuppe serviert, sind die Einlagen natürlich besonders reichlich.

Die Markknochen in kaltem Wasser aufsetzen und zum Kochen bringen. Die Brühe abschäumen, dann 5 Minuten kochen lassen. Danach das gewaschene Fleisch, das geputzte, kleingeschnittene Suppengemüse und die Gewürzdosis in den Topf geben.
Bei schwacher Hitze 2¹/₂ bis 3 Stunden leicht sieden lassen. Während der Garzeit die Brühe immer wieder abschäumen. Das Fleisch rausnehmen. Bouillon durch ein feines Sieb gießen. Entfetten, wenn Sie wollen.

# Markklößchen

Rindermark würfeln. In einer kleinen Pfanne ausbraten. Fett in eine kleine Schüssel gießen und erkalten lassen. Dann schaumig rühren. Ei und Eigelb reingeben, gut untermischen, mit Semmelbröseln verkneten und würzen. Petersilie waschen, trockentupfen, hacken und in die Klößchenmasse kneten. Klößchen 30 Minuten ruhen lassen. Mit kalt abgespülten Händen kleine Klößchen formen. Fleischbrühe aufkochen. Klößchen reingleiten lassen. Hitze reduzieren. 8 Minuten ziehen lassen.

**Zutaten für 4 Personen**

50 g Rindermark
1 Ei
1 Eigelb
80 g Semmelbrösel
1/2 Bund Petersilie
Salz
weißer Pfeffer
1 Prise geriebene Muskatnuß

 Sie können die Klößchen auch in wenig Brühe separat gar ziehen lassen. Dann bleibt die Fleischbrühe klar.

# Mehlklößchen

Die Butter mit Ei, Salz und Muskat verrühren. Mehl reinarbeiten. Petersilie in den Teig mischen.
Fleischbrühe erhitzen. Mit zwei Teelöffeln aus dem Teig Klößchen abstechen, in die eben kochende Fleischbrühe geben. Hitze reduzieren. 10 Minuten ziehen lassen.

**Zutaten für 4 Personen**

20 g Butter
1 Ei
je 1 Prise Salz und Muskat
40 g Mehl
1 Teelöffel gehackte Petersilie

# Leberklößchen

**Zutaten für 4 Personen**

250 g Rinderleber
2 Zwiebeln
50 g Margarine oder Butter
$^1/_2$ Bund Petersilie
3 Eier
150 g Semmelbrösel
Salz
weißer Pfeffer
1 Teelöffel getrockneter
Majoran
1 Teelöffel abgeriebene
Zitronenschale

Leber häuten, durch den Fleischwolf (feinste Scheibe) drehen oder im Mixer pürieren. Zwiebeln schälen und würfeln. Margarine oder Butter in einem Topf erhitzen. Zwiebel darin in 3 bis 5 Minuten glasig dünsten. Petersilie abspülen, trockentupfen und fein hacken. Eier in einem Becher verquirlen. Leber mit Zwiebeln, Petersilie, Eiern und Semmelbröseln in einer Schüssel mischen. Mit Salz, Pfeffer, Majoran und abgeriebener Zitronenschale abschmecken. Teig 10 Minuten ruhen lassen. Klößchen formen und in der Brühe in 15 Minuten gar ziehen lassen.

# Grießklößchen

**Zutaten für 4 Personen**

30 g Butter
65 g Grieß
1 Ei
Salz
Pfeffer
1 Prise Majoran

Für die Klößchen Butter schaumig rühen. Grieß und Ei mit Salz, Pfeffer und Majoran reinarbeiten. Gut mischen. 15 Minuten ruhen lassen. Nochmal abschmecken.
Brühe erhitzen. Aus dem Teig mit zwei Teelöffeln kleine Klößchen abstechen oder mit kalt abgespülten Händen Klößchen formen. In die kochende Brühe geben. Hitze reduzieren und die Klöße 20 Minuten ziehen lassen.

# Schwimmerle

**W**asser mit Butter, Salz und Muskat in einem kleinen Topf aufkochen. Mehl auf einmal reingeben und so lange rühren, bis sich ein glatter Kloß und auf dem Topfboden eine weiße Haut bildet. Vom Herd nehmen. Ein Ei unterrühren. Kurz abkühlen lassen, dann das zweite Ei reinrühren.

Backblech mit Mehl bestäuben. Mit einem Teelöffel daumenkuppendicke Bällchen aufs Blech setzen. In den vorgeheizten Ofen auf die mittlere Schiene schieben.

Backzeit 20 Minuten bei 220 Grad.

Inzwischen die Fleischbrühe heiß werden lassen. In Suppentassen verteilen. Darauf die Schwimmerle geben und servieren.

**Zutaten für 4 Personen**

$^1/_8$ l Wasser
30 g Butter
1 Prise Salz
1 Prise Muskat
60 g Mehl
2 Eier
Mehl zum Bestäuben

 Sie können die Schwimmerle auch in der Friteuse goldgelb ausbacken.

# Biskuit-Einlage

**Zutaten für 4 Personen**

25 g Butter
2 Eigelb
Salz
1 Prise Muskat
100 g Mehl
2 Eiweiß
1 Eßlöffel Sahne
Margarine zum Einfetten

Butter schaumig rühren. Nach und Nach Eigelb, Salz und Muskat zugeben. Mehl darüber geben. Eiweiß zu steifem Schnee schlagen. Auf die Masse gleiten lassen. Sahne einrühren. Vorsichtig untereinander heben. Masse fingerdick in eine mit Margarine eingefettete Auflaufform oder in Biskuitförmchen geben. In den vorgeheizten Ofen auf die mittlere Schiene schieben. Backzeit: 15 Minuten bei 180 Grad.
Inzwischen die Fleischbrühe erhitzen. Form bzw. Förmchen aus dem Ofen nehmen. Biskuit, der nicht in Förmchen gebacken wurde, in gleichmäßige Würfel schneiden. 5 Minuten abkühlen lassen. Suppe in Tassen oder Teller geben. Biskuits darauf verteilen und servieren.

# Semmelklößchen

**Zutaten für 4 Personen**

50 g Butter
1 Ei
1 Teelöffel gehackte Petersilie
Salz
Semmelbrösel
1 geh. Teelöffel Mehl

Butter schaumig rühren. Ei, Petersilie und Salz zufügen. So viele Semmelbrösel hineinrühren, daß ein mittelfester Teig entsteht. Mehl unterarbeiten. Mit nassen Händen kleine Klößchen formen und in die kochende Brühe geben. Hitze reduzieren und in 10 Minuten gar ziehen lassen.

# Pichelsteiner

Dieser berühmte bayrische Eintopf wird natürlich auch in Franken gern gegessen.

Fleisch in nicht zu große Würfel schneiden. Zwiebeln schälen und grob schneiden.
In einer großen Kasserolle Schmalz erhitzen, erst Zwiebeln und dann das Fleisch anbraten. Mit etwas Majoran, Pfeffer und Salz würzen. Vom Herd nehmen.
Kartoffeln schälen und in Würfel schneiden, Karotten schaben und in Scheiben schneiden. Das Weiße vom Lauch waschen und in Ringe schneiden. Sellerie gut schälen und klein würfeln. Kohl putzen, in kräftige Stücke schneiden und waschen. Alle Gemüse mischen.
Zwei Drittel des Schmorguts aus der Kasserolle nehmen. Das verbleibende Drittel mit einem Drittel des Gemüses bedecken. Darauf das zweite Drittel Fleisch und Gemüse, dann das dritte. Pfeffern und salzen. Fleischbrühe angießen. Deckel aufsetzen.
Den Pichelsteiner bei mäßiger Hitze 1 1/2 Stunden auf dem Herd garen. Oder: 2 Stunden bei 180 Grad im Ofen. Mit frisch gehackter Petersilie bestreut servieren.

**Zutaten für 6 Personen**

600 g gemischtes Schmorfleisch von Rind, Schwein und Lamm
3 Zwiebeln
2 Eßlöffel Schmalz
Majoran
Pfeffer aus der Mühle
Salz
300 g Kartoffeln
300 g Karotten
2 Stangen Lauch
1 kleine Knolle Sellerie (200 g)
1/2 Kopf Weißkohl oder Wirsing (ca. 400 g)
1/2 l Fleischbrühe (Extrakt)
etwas Petersilie

 Mit Rindermark können Sie den Pichelsteiner verfeinern: Das Mark in Scheiben auf das Gemüse legen oder mit den Zwiebeln anbraten. Sie können es auch zum Schluß in Fett braten und über den Pichelsteiner Eintopf geben – mitsamt dem Fett.

# Nürnberger Gemüsesuppe

**Zutaten für 4 Personen**

1/2 Sellerieknolle
2 Stangen Lauch
2 Möhren
60 g Gänseschmalz
1 Zwiebel
2 Eßlöffel Mehl
2 l heiße Fleischbrühe (selbst-
gekocht oder aus Extrakt)
4 Kartoffeln
2 Eigelb
2 Eßlöffel saure Sahne
1 Bund frischer oder
2 Teelöffel getrockneter
Kerbel

Sellerieknolle, Lauch und Möhren putzen, waschen, abtropfen lassen und klein-schneiden.

Gänseschmalz in einem Topf erhitzen. Zwiebel schälen und in Ringe schneiden. Mit dem Gemüse reingeben. 10 Minuten unter Rühren schmoren. Mit Mehl bestäuben. Fleischbrühe zugießen. Zugedeckt 10 Minuten bei mittlerer Hitze kochen lassen.

In der Zwischenzeit Kartoffeln schälen, in 1 cm große Würfel schneiden und in die Brühe geben. Noch 15 Minuten weiterkochen lassen.

Topf vom Herd nehmen. Eigelb mit Sahne und etwas Gemüsebrühe in einer Tasse verquirlen. In die Suppe rühren. Kerbel abbrausen, trockentupfen und fein hacken. Reingeben. Getrockneten zerriebenen Kerbel so zufügen. In eine vorgewärmte Terrine geben. Beilage: Getoastetes Graubrot.

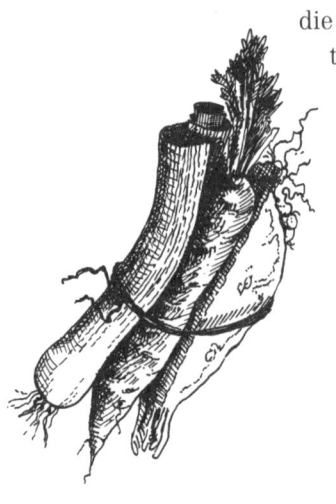

# Brotsuppe

Diese süße Brotsuppe stammt aus Nürnberg. Sie wird auch mit gekochten, passierten Äpfeln zubereitet, dann wird die Buttermilch durch Apfelsaft ersetzt und die Suppe mit süßer Sahne abgerundet.

**Zutaten für 6 Personen**

100 g getrocknete Aprikosen
1 l Wasser
200 g Mischbrot in Scheiben
1 Prise Salz
$^1/_2$ l Buttermilch
3 Eßlöffel Zucker
abgeriebene Schale einer Zitrone
$^1/_4$ Zimtstange
40 g Sultaninen
$^1/_2$ Glas Weißwein

Aprikosen über Nacht in 1 l Wasser einweichen. Am nächsten Tag mit dem Schaumlöffel rausnehmen. Brot zerbröckeln, ins Aprikosenwasser geben und darin 60 Minuten quellen lassen. Durch ein Sieb streichen. Im Topf mit einer Prise Salz aufkochen. Buttermilch, Zucker, Zitronenschale, Zimtstange, Sultaninen und Aprikosen reingeben. 25 Minuten ziehen lassen. Zimtstange rausnehmen. Suppe mit Wein abschmecken. Warm oder kalt servieren.

Wann reichen? Bei süßen Suppen sind die Meinungen geteilt. Viele reichen sie vor dem Hauptgang, viele lieber als Nachtisch.

# Spargelcremesuppe

**Zutaten für 4 Personen**

500 g Bruchspargel
1 l Wasser
$^1/_2$ Teelöffel Zucker
50 g Butter
30 g Mehl
$^1/_8$ l Sahne
1 Eigelb
weißer Pfeffer
Salz
Saft und Schale von
$^1/_2$ unbehandelten Zitrone
1 Bund Schnittlauch

In den Weinbaugebieten in Unterfranken wird Spargel von bester Qualität gestochen. Neben Spargel mit Bratwurst oder Schinken sowie Spargelsalat kommt im Frühling natürlich auch ein feines Spargelsüppchen auf den Tisch.

Den Spargel schälen und die Stangen in Stücke schneiden. Das Wasser mit Salz, Zucker und Spargelabfällen zum Kochen bringen. 15 Minuten bei schwacher Hitze kochen. Durch ein Sieb gießen und die Spargelstückchen in der Brühe in 15–20 Minuten garen.

Aus Butter und Mehl eine helle Mehlschwitze zubereiten, mit der Spargelbrühe aufgießen und 15 Minuten kochen lassen. Sahne und Eigelb miteinander verquirlen und die Suppe legieren. Erhitzen, aber nicht mehr kochen lassen. Die Spargelstückchen in die Suppe geben, mit Salz, frisch gemahlenem Pfeffer, Zitronensaft und -schale abschmecken. Mit Schnittlauchröllchen bestreuen.

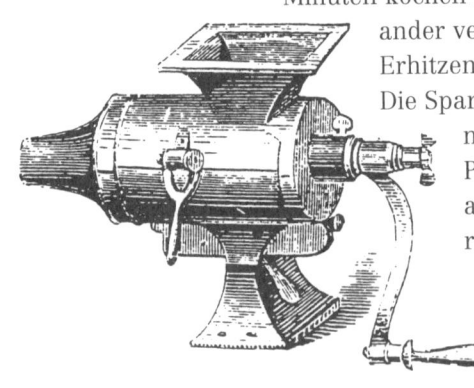

# Peterle mit Schwemmkniedla

Die Petersilienwurzeln schälen und in kleine Würfel schneiden. Mit der gehackten Petersilie in die Fleischbrühe geben und 15 Minuten darin leise köcheln lassen. Für die Klößchen das Fett schaumig rühren. Eier unterrühren und mit Salz und Muskat würzen. Weiterrühren und den Grieß einrieseln lassen. Den Teig 15 Minuten ruhen lassen. Mit einem Löffel kleine Klößchen abstechen und in die heiße Brühe geben. Bei kleiner Temperatur gar ziehen lassen. Die Schwemmkniedla sind fertig, wenn sie oben schwimmen.

**Zutaten für 4 Personen**

4–5 Petersilienwurzeln
5 Eßlöffel gehackte Petersilie
1 l Fleischbrühe (selbstgemacht oder aus Extrakt)
Für die Klößchen:
60 g Butter oder Margarine
2 Eier
Salz
frischgeriebene Muskatnuß
120 g Grieß

# Brennsuppe

Brennsuppe schmeckt ausgesprochen lecker, obwohl ihr Name nicht so appetitanregend ist.
Die Butter erhitzen, dann Mehl reinstreuen und darin gleichmäßig bräunen. Mit der Fleischbrühe aufgießen. 7 Minuten kochen. Nebenbei immer wieder umrühren, damit die Suppe nicht anbrennen kann. Geriebene Zwiebel reingeben. Mit Salz, Zucker und Streuwürze abschmecken. Sahne und Rotwein erst kurz vorm Servieren zugießen.

**Zutaten für 4 Personen**

40 g Butter
50 g Mehl
1/2 l Fleischbrühe
1 geriebene Zwiebel
Salz
Zucker
Streuwürze
3 Eßlöffel Sahne
1/2 Glas Rotwein

# Metzelsuppe

**Zutaten für 4 Personen**

1¹/₂ l Metzelbrühe
300 g Schweinefleisch
aus der Keule
200 g frische Leberwurst
200 g frische Blutwurst
1 Zwiebel
Salz
weißer Pfeffer
1 Teelöffel getrockneter,
zerriebener Majoran
4 Scheiben Schwarzbrot
20 g Butter

Metzelbrühe kann man in Franken am Schlachttag frisch beim Fleischer kaufen. Es ist die Brühe, in der die frischen Würste gekocht werden. Daraus kocht man eine Suppe, in die Leber- und Griebenwurst gehören. Aber da es Griebenwurst nicht überall gibt, haben wir Blutwurst als guten Ersatz verwendet.

Metzelbrühe in einem Topf zum Kochen bringen. Das Schweinefleisch abspülen, abtropfen und 60 Minuten in der Brühe kochen lassen. Fleisch herausnehmen, abtropfen und etwas abkühlen lassen. Dann in etwa 2 cm große Würfel schneiden.
Leberwurst und Blutwurst aufschneiden. Zwiebel schälen und reiben. Brühe wieder aufkochen. Wurstmasse und Zwiebel darin 5 Minuten kochen lassen. Mit Salz, Pfeffer und Majoran würzen. Fleisch reingeben. Suppe warm stellen. Schwarzbrot in 1 cm große Würfel schneiden. Butter in einer Pfanne erhitzen. Brotwürfel darin 3 Minuten rösten. Suppe in eine vorgewärmte Terrine füllen. Geröstete Brotwürfel drüberstreuen und die Suppe sofort servieren.

 Wann reichen? Als Mittagessen vor einem süßen Auflauf oder Pudding. Oder als deftiges Abendessen.

# Heiße Biersuppe

**Zutaten für 4 Personen**

3 Flaschen helles Bier (je 0,3l)
100 g Zucker
1/2 Teelöffel Zimt
Salz
schwarzer Pfeffer
1 Eßlöffel Speisestärke
3 Eigelb

Bier und Zucker in einem großen Topf unter ständigem Rühren aufkochen, bis sich der Zucker aufgelöst hat. Mit Zimt, Salz und Pfeffer würzen. Speisestärke mit Wasser anrühren, die kochende Suppe damit binden.
Eigelb in einer Schüssel mit etwas heißer Suppe verquirlen. Topf vom Herd nehmen. Mischung unter Rühren in die Suppe geben. Topf wieder auf den Herd stellen. Suppe nochmal erhitzen, aber nicht kochen. In einer Terrine servieren.

Als Bindemittel für die Biersuppe können Sie auch 40 g Sago oder 40 g Grieß nehmen. Beides 15 Minuten garen. Oder Sie binden die Suppe mit Vanillepuddingpulver. Schmeckt auch gut.

# Fränkischer Eintopf

**Zutaten für 4 Personen**

1 große Zwiebel
3 Stangen Lauch
$^1/_2$ Sellerieknolle
500 g Kartoffeln
250 g Möhren
50 g Butterschmalz
250 g Rinderhackfleisch
Salz
Pfeffer
Paprika
1 l Fleischbrühe (selbst-
gemacht oder aus Extrakt)
1 kleiner Blumenkohl
1 Bund Petersilie

Dieser Eintopf stammt aus dem Fichtelgebirge und wird dort Schnitz genannt.

Die Zwiebel schälen und in Würfel schneiden. Lauch putzen, unter fließendem Wasser waschen und in schmale Ringe schneiden. Sellerie, Kartoffeln und Möhren schälen, waschen und in Würfel schneiden. Das Butterschmalz in einem Topf erhitzen und Zwiebelwürfel und Rinderhack darin anbraten. Das übrige geschnittene Gemüse zufügen und kurz mit anbraten. Salzen, pfeffern und Paprika darüberstäuben. Durchrühren und mit der Fleischbrühe aufgießen.
Blumenkohl waschen und in kleine Röschen teilen. Nach 20 Minuten zugeben und den Eintopf in weiteren 20 Minuten fertig garen. Petersilie waschen, auf Küchenkrepp trockentupfen, kleinhacken und in den Eintopf streuen.
Beilage: Landbrot

 Sie können den Eintopf auch zusätzlich mit Wirsing oder Weißkraut zubereiten und mit Kümmel und Majoran abschmecken.

# Lauchsuppe fränkisch

wiebeln schälen, halbieren und würfeln. Schinken auch in kleine Würfel schneiden. Butter in einem Topf erhitzen. Zwiebelwürfel reingeben und in 3 Minuten anbraten. Schinkenwürfel zufügen und 3 Minuten mitbraten.

Lauch putzen, gründlich waschen und in etwa 1 cm lange Stücke schneiden. Zugeben. 5 Minuten braten. Fleischbrühe aufgießen. Mit Salz, Pfeffer und Muskat würzen. 15 Minuten kochen lassen. Wein und Mehl in einem Becher verrühren und die Suppe damit binden.

Saure Sahne reinrühren. Eigelb in einem Becher mit zwei Eßlöffeln Suppe verquirlen. Wieder in die Suppe rühren. Die Suppe nochmal erhitzen, aber nicht kochen. In vorgewärmte Suppenteller füllen und servieren.

**Zutaten für 4 Personen**

2 Zwiebeln
125 g roher Schinken
30 g Butter
6 Stangen Lauch
1 l heiße Fleischbrühe (selbstgemacht oder aus Extrakt)
Salz
weißer Pfeffer
Muskat
$^1/_8$ l Weißwein
1 Eßlöffel Mehl
2 Eßlöffel saure Sahne
1 Eigelb

# Fischgerichte

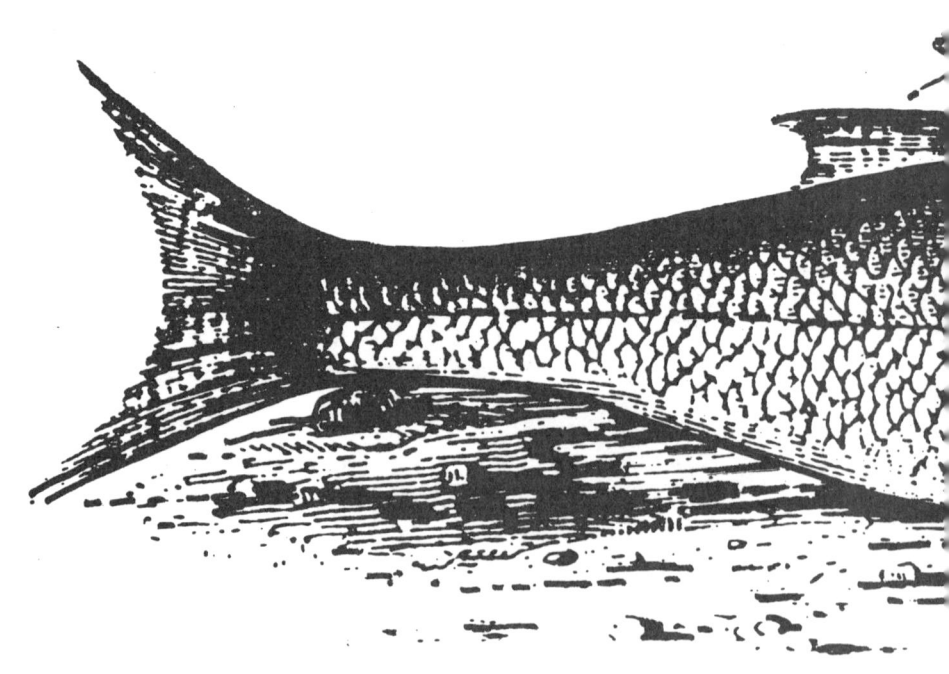

# Karpfen fränkische Art

**Zutaten für 4 Personen**

---

**2 küchenfertige Karpfen
(je 1 kg)
Salz
Mehl
100 g Butterschmalz**

Die frisch geschlachteten Karpfen waschen, mit Küchenpapier trockentupfen und mit einem scharfen Messer der Länge nach durchschneiden. Eine Hälfte behält dabei die Rückengräte.

Die 4 Karpfenhälften salzen und in Mehl wenden. Das Butterschmalz in einer großen tiefen Pfanne oder in 2 kleinen Pfannen erhitzen und die Karpfenhälften darin von beiden Seiten bei mittlerer Hitze in ca. 10 Minuten goldbraun braten. Auf Küchenpapier abtropfen lassen und auf einer vorgewärmten Platte anrichten.

Beilage: gemischte Salatplatte mit Kartoffelsalat.

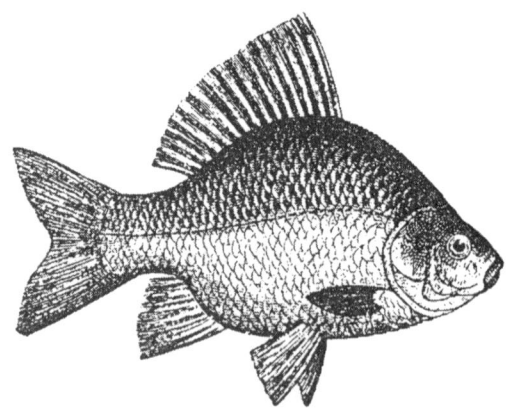

Das Butterschmalz muß sehr heiß sein, wenn die Karpfenstücke hineingegeben werden, damit sie sich nicht zu sehr mit Fett vollsaugen können.

# Gebratener Zander

**Zutaten für 4 Personen**

1 küchenfertiger Zander
(ca. 1,5 kg)
Meersalz
Mehl
80 g Butter
1 kleine Zwiebel
Saft von $1/2$ Zitrone
0,1 l Weißwein (Riesling)
$1/4$ l Sahne
1 Eßlöffel gehackte Petersilie

Den Zander waschen und mit Küchenpapier gut trockentupfen. Innen und außen salzen und in Mehl wenden. Überflüssiges Mehl abklopfen.

Die Butter in einem länglichen Schmortopf oder einer länglichen, feuerfesten Form auf dem Herd erhitzen. Den Zander hineingeben, auf beiden Seiten kurz anbraten. Den Zander auf die Saftpfanne legen und auf der unteren Schiene im vorgeheizten Backofen bei 200 Grad etwa 15 Minuten garen lassen.

Die Zwiebel schälen und in Würfel schneiden. Die Pfanne aus dem Backofen nehmen. Die Zwiebelwürfel in das heiße Fett geben und im Backofen bei mittlerer Hitze glasig dünsten, Zitronensaft über den Zander gießen, dann den Wein und nach und nach die Sahne hinzufügen. Die Soße in der Fettpfanne vorsichtig unter Rühren vermischen und in etwa 30 Minuten mindestens um die Hälfte einkochen lassen. Dabei immer wieder den Zander damit begießen.

Die Petersilie hinzufügen und noch einmal kurz durchkochen lassen. Den Zander auf einer Platte anrichten. Die Soße getrennt dazu reichen. Beilagen: Petersilienkartoffeln und Gurkensalat.

 Nach diesem Rezept können Sie auch einen Hecht zubereiten.

# Karpfen Aischgründer Art

**Zutaten für 4 Personen**

---

**1 küchenfertiger Karpfen (1,5–2 kg)**
**750 g Butterschmalz**
**¹/₂ Kopf Salat**
**¹/₂ Bund Petersilie**
**1 Zitrone**

An der Aisch, einem Nebenfluß der Regnitz in Franken, gibt es besonders viele Karpfen. Flußkarpfen, wohlgemerkt. Aber für dieses Rezept können Sie auch jeden anderen Karpfen verwenden.

Karpfen unter fließend kaltem Wasser innen und außen abspülen. Mit Haushaltspapier trockentupfen. Salzen.
Butterschmalz in einen großen, hohen Topf geben und auf etwa 180 Grad erhitzen. Wer kein Fritierthermometer hat, nimmt den Holzlöffel und hält ihn ins Fett. Wenn sich Blasen bilden, ist etwa der richtige Hitzegrad fürs Fett erreicht. Den Karpfen vorsichtig reingleiten lassen. Unter ständigem Drehen 15 Minuten im siedenden Fett braten.
Kopfsalat zerpflücken, waschen, trockentupfen und auf einer vorgewärmten Platte anrichten. Fisch drauflegen. Etwas Bratfond drübergeben. Petersilie und Zitrone abspülen, trockentupfen. Zitrone in dünne Scheiben schneiden. Karpfen damit garnieren. Sofort servieren.

 Als Getränk paßt dazu ausgezeichnet ein trockener fränkischer Silvaner.

# Gebackene Meefischli

Meefischli sind kleine Mainfische, die in der Pfanne knusprig gebacken werden. Ein besonders in Unterfranken beliebtes Gericht.

Die Fische ausnehmen, waschen und salzen. Mit Zitronensaft beträufeln und 10 Minuten ziehen lassen. Mehl, verquirlte Eier und Semmelbrösel auf drei Teller verteilen. Butterschmalz in einer großen Pfanne erhitzen. Die Fische nacheinander in Mehl, Ei und Semmelbröseln wenden. In dem heißen Fett knusprig braun ausbraten.
Beilage: Kartoffelsalat. Als Getränk paßt natürlich Frankenwein.

**Zutaten für 4 Personen**

1 kg Meefischli
Salz
Saft von 2 Zitronen
2–3 Eßlöffel Mehl
2 Eier
Semmelbröseln
Butterschmalz zum Braten

# Aal gebraten

Gebratener Aal ist ein schnelles, kräftiges Mittagessen. Oder ein einfaches Gästeessen für alle Fischliebhaber.

Aal ausnehmen, säubern. In 10 cm lange Stücke schneiden. Salzen. Nebeneinander in eine feuerfeste Form legen. Zwischen die Aalstücke Zitronenscheiben ohne Kerne und je ein Stückchen Lorbeerblatt legen. Butterstückchen über den Fisch verteilen. Im heißen Backofen etwa 30 Minuten schön braun braten.
Beilagen: Bauernbrot ohne Butter, weil der Aal fett genug ist. Oder Kartoffelsalat oder Petersilienkartoffeln und Gurkensalat.

**Zutaten für 4 Personen**

900 g Aal
Salz
1 Zitrone
1 Lorbeerblatt
50 g Butter

# Forelle auf fränkische Art

**Zutaten für 4 Personen**

4 frische oder tiefgekühlte
Forellen (je 250 g)
Saft einer Zitrone
4 Stengel Petersilie
Salz
Pfeffer
1 Eßlöffel Mehl
30 g Butter
2 Eßlöffel Semmelbrösel
Öl zum Einfetten
Für die Buttersoße:
100 g Butter
Salz
2 Teelöffel Zitronensaft
1 Bund Petersilie
1 Zitrone

Forellen ausnehmen, waschen und trocknen. Tiefgekühlte auftauen lassen. Innen und außen mit Zitronensaft beträufeln. Petersilie waschen, trockentupfen. In jeden Fisch einen Stengel legen. 30 Minuten ziehen lassen. Abtrocknen, salzen und pfeffern. Dann werden sie dünn mit Mehl bestäubt, mit zerlassener Butter beträufelt und in Semmelbröseln gewendet.

Bratrost mit geölter Alufolie überziehen. Fische drauflegen und in den auf 200 Grad vorgeheizten Ofen stellen. Backzeit: Auf beiden Seiten je 7 Minuten.

Inzwischen die Butter für die Soße in einer Pfanne erhitzen. Abschäumen, mit Salz und Zitronensaft würzen. Petersilie waschen, trockentupfen. Etwa 5 Stengel fein hacken und in die Buttersoße rühren. Fisch aus dem Ofen nehmen. Auf einer vorgewärmten Platte anrichten. Mit der restlichen Petersilie und Zitronenrädern garnieren. Buttersoße in einer kleinen Sauciere extra reichen. Beilage: Salzkartoffeln, Sahnemeerrettich und gemischter Blattsalat.

Sie können die panierten Forellen auch in der Pfanne mit Butterschmalz goldbraun backen.

# Karpfen blau

Karpfen mit einem scharfen Messer an der Bauchseite aufschneiden. Ausnehmen. Unter kaltem Wasser vorsichtig abspülen, damit die Schleimschicht nicht verletzt wird. Innen trockentupfen und salzen. Nicht schuppen! Fisch in eine Schüssel geben. Essig bis zum Siedepunkt erhitzen. Über den Fisch gießen. 10 Minuten in Zugluft stellen. Dann auf eine Platte legen, Essig aufbewahren.

Wein, Wasser und den Essig in einem Bräter erhitzen. Zwiebel schälen, halbieren, Sellerie schälen, in kleine Stücke schneiden. Mit dem Lorbeerblatt, den Pfefferkörnern, Wacholderbeeren, Senfkörnern und dem Zitronenstück in den Sud geben. Karpfen reinlegen und 20 Minuten bei niedrigster Hitze ziehen lassen. Mit zwei Schaumlöffeln rausnehmen, abtropfen lassen und auf einer vorgewärmten Platte anrichten. Butter in einem Topf zerlassen und getrennt reichen. Beilagen: Sahnemeerrettich, Salzkartoffeln. Als Getränk paßt Frankenwein.

**Zutaten für 4 Personen**

1 Karpfen von 1,5–2 kg
Salz
$^1/_8$ l Essig
$^1/_8$ l Weißwein
$^3/_8$ l Wasser
1 Zwiebel
$^1/_4$ Sellerieknolle
1 Lorbeerblatt
3 Pfefferkörner
5 Wacholderbeeren
$^1/_2$ Teelöffel Senfkörner
$^1/_2$ Zitrone
40 g Butter

# Karpfen in Rotwein

**Zutaten für 4 Personen**

---

1 Karpfen (1,5–2 kg)
Zitronensaft
Salz
1 Zwiebel
1 Stange Lauch
$^1/_2$ Sellerieknolle
2 Möhren
60 g Butter oder Margarine
$^1/_8$ l Rotwein
$^1/_2$ Lorbeerblatt
3 Pfefferkörner
20 g Speisestärke
2 Eßlöffel saure Sahne

Mit Rotwein zubereiteter Karpfen wird nicht nur in Franken gern gegessen, sondern auch im benachbarten Thüringen.

Karpfenblut beim Schlachten des Fisches in einem Gefäß auffangen und mit Zitronensaft verrühren. Karpfen schuppen, ausnehmen, waschen, mit Salz einreiben, mit Zitronensaft beträufeln und in Portionsstücke zerteilen.

Zwiebel, Lauch, Sellerie und Möhren putzen und fein schneiden, in Fett anrösten. Karpfenblut, Wein, Gewürze und Salz dazugeben. Die Karpfenstücke hineinlegen und bei Mittelhitze garen.

Fisch herausnehmen und warm stellen. Die Brühe durch ein Sieb geben. Speisestärke mit Sahne verquirlen, in die Soße rühren, kurz aufkochen und abschmecken. Soße über die Karpfenstücke gießen.

Beilagen: Klöße, Salzkartoffeln oder frisches Weißbrot.

# Zanderfilets in Kräutersahne

Die Zanderfilets waschen, mit Küchenpapier trockentupfen und mit Salz und Pfeffer würzen. Eine flache, feuerfeste Form mit der Butter ausstreichen und die Filets nebeneinander darauf legen. Mit dem Fischfond und dem Wein aufgießen und auf der mittleren Schiene bei 190 Grad im vorgeheizten Backofen 8 Minuten pochieren. Die Filets herausnehmen und warm stellen. Den Pochierfond in eine Kasserolle gießen und einkochen lassen. Mit der Sahne aufgießen, salzen und pfeffern. Im offenen Topf kochen lassen, bis die Sahne anfängt, dicklich zu werden. Inzwischen die Petersilie hacken, die Kerbelblättchen abzupfen und die Estragon- sowie Basilikumblätter mit einer Schere in Streifen schneiden. Die Kräuter an die Sauce geben und durchziehen, aber nicht mehr kochen lassen. Die Soße heiß über die angerichteten Zanderfilets gießen. Beilage: Spinat oder Kartoffelpüree (in Franken Stopfer genannt).

Zander liebt saubere, klare Seen und Flüsse, in denen es von kleinen Weißfischen nur so wimmelt. Denn die sind seine Lieblingsspeise, und ihnen verdankt er den ihm eigenen Wohlgeschmack. Der Zander ist ein recht gefräßiger Raubfisch aus der Familie der Barsche. Er wird übrigens auch Hechtbarsch genannt.

**Zutaten für 4 Personen**

4 Zanderfilets (à 150 g)
Salz
weißer Pfeffer
1 Eßlöffel Butter
4 Eßlöffel Fischfond
(aus dem Glas)
4 Eßlöffel Weißwein
$1/4$ l Sahne
4 Stengel Petersilie
4 Stengel Kerbel
4 Estragonblätter
6 Basilikumblätter

# Gebratener Hecht

**Zutaten für 4 Personen**

1 Hecht von 1¹/₂ kg
Salz
300 g durchwachsener Speck
100 g Butter oder Margarine
¹/₈ l Weißwein
2 Eßlöffel Semmelbrösel
¹/₂ Teelöffel Fleischextrakt
1 Becher saure Sahne
weißer Pfeffer
Cayennepfeffer

Hecht ausnehmen und schuppen. Unter kaltem Wasser abspülen. Mit Haushaltspapier trockentupfen. Innen salzen. Die Haut nicht abziehen: Dadurch bleibt das Fischfleisch saftiger. Hecht mit 100 g in dünne Scheiben geschnittenem Speck belegen. Den übrigen durchwachsenen Speck würfeln. In der Fettpfanne glasig werden lassen. Fisch reingeben. Mit in einer Pfanne zerlassener Butter oder Margarine übergießen. Fettpfanne in den vorgeheizten Ofen schieben. Den Fisch 30 Minuten bei 220 Grad braten.
Alle 10 Minuten mit dem Bratfond überschöpfen. Nach 20 Minuten den Weißwein zugießen.
Aus dem Ofen nehmen, mit Semmelbröseln bestreuen. Nochmal 4 Minuten in den Ofen schieben und überkrusten.

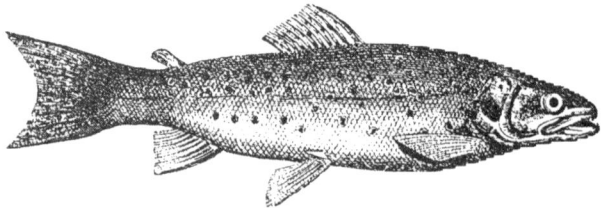

Fisch aus der Pfanne heben. Auf einer vorgewärmten Platte anrichten und warm stellen. Fleischextrakt in die Soße rühren. Dann kommt die saure Sahne rein. Mit weißem Pfeffer und Cayennepfeffer würzen und getrennt zum Fisch servieren. Wenn nötig, Fett abschöpfen.
Beilagen: Kartoffelsalat oder Petersilienkartoffeln mit Butter und Gurkensalat. Als Getränk einen trockenen Frankenwein servieren.

# Marinierte Heringe

D ieses Rezept stammt aus Unterfranken, wo man gerne marinierte Heringe ißt. Das ist eine kulinarische Gemeinsamkeit mit den Nachbarn in Thüringen.

Rogen und Milch (falls vorhanden) mitverwenden. Mit den Heringen unter kaltem Wasser abspülen. Abtropfen lassen. Über Nacht in kaltes Wasser legen, damit das überschüssige Salz ausziehen kann. Am nächsten Tag abtropfen lassen. Heringe häuten und entgräten, dabei die Schwänze und Flossen entfernen. Filets unter fließendem Wasser abspülen. Mit Haushaltspapier trockentupfen. Zwiebeln schälen, in Scheiben schneiden. Gewürzgurke auch in Scheiben schneiden. Dill abbrausen. Trockentupfen. Heringsfilets, Zwiebeln, Gewürzgurke, Dill und Kapern in ein großes Glas, eine Porzellanschüssel oder einen Steinguttopf schichten. Heringsrogen abspülen, auch einschichten.

Für die Marinade Essig, Wasser, Lorbeerblätter, Pfefferkörner, Nelken und Zucker aufkochen. Erkalten lassen. Heringsmilch hacken und durch ein feines Sieb streichen. In die kalte Marinade rühren. Eingeschichtete Heringsfilets damit übergießen. Gefäß mit einem Deckel oder Alufolie verschließen. Kühl stellen. Mindestens 24 Stunden durchziehen lassen.

Heringsfilets abtropfen lassen. Auf eine Platte legen. Mit abgespülter, trockengetupfter und zerpflückter Petersilie garnieren.

**Zutaten für 4 Personen**

8 küchenfertige Salzheringe von je 200 g
3 Zwiebeln
1 Gewürzgurke
1 Sträußchen Dill
1 Eßlöffel Kapern
**Für die Marinade:**
$^1/_8$ l Weinessig
$^1/_8$ l Wasser
2 Lorbeerblätter
10 Pfefferkörner
3 Nelken
1 Eßlöffel Zucker
**Zum Garnieren:**
2 Stengel Petersilie

# Fleischgerichte

# Schinken im Brotteig

**Zutaten für 10 Personen**

1 mild gepökelter
Beinschinken (2 kg)
2 l heißes Wasser
2 Bund Suppengrün
1,5 kg gesäuerter Roggen-
brotteig (vom Bäcker gekauft)
Mehl zum Ausrollen
2 Eigelb
1 Eßlöffel Milch
Mehl zum Ausstreuen

Zu Schinken in Brotteig sagt man im deutschen Sprachgebiet meistens Prager Schinken. Aber das ist nicht korrekt. Denn Prager Schinken ist eine Herkunftsbezeichnung für eine bestimmte Schinkensorte. Allerdings können Sie auch den in Brotteig backen. Schinken in Brotteig ist nicht allein eine fränkische Spezialität. Außerdem gibt es noch Mecklenburger Schinken, einen aus der Pfalz und eine Schweizer Spezialität nach ähnlichen Rezepten. Sie werden meistens an Festtagen zubereitet, wenn man viele Gäste erwartet.

Schinken 24 Stunden in einer Schüssel mit Wasser bedeckt an einem kühlen Ort wässern lassen. Rausnehmen und in einen großen Topf legen. Mit heißem Wasser begießen. Suppengrün putzen, waschen. In grobe Stücke schneiden. In den Topf geben. Schinken zugedeckt 60 Minuten bei schwacher Hitze kochen lassen. Schinken rausnehmen. Abtropfen lassen und abtrocknen.
Brotteig auf einem bemehlten Backbrett oder auf der Arbeitsfläche zu einem 35 mal 45 cm großen Rechteck ausrollen. Schinken drauflegen und einwickeln. Teig mit einer Gabel mehrere Male einstechen. Eigelb und Milch in einem Becher verrühren. Teig damit bestreichen.
Backblech dick mit Mehl bestreuen. Schinken drauflegen. Blech in den vorgeheizten Ofen auf die untere Schiene schieben. Backzeit: 120 Minuten bei 200 Grad.
Schinken rausnehmen und auf einer großen Holz-

platte anrichten. Mit einem scharfen Messer in
1 cm dicke Scheiben schneiden und servieren.
Wann reichen? Mit Krautsalat, Knödeln und
Rotwein als Festessen.

 Schinken in Brotteig kann auch kalt
mit einer feinen Senfsoße, auch
Sauce Moutarde genannt, und mit einem gemisch-
ten Salat als großes Abendessen serviert werden.

## Schweinekotelett fränkisch

Äpfel schälen, Kerngehäuse mit dem Apfelboh-
rer weit ausstechen. Weißwein und Wasser in
einem Topf aufkochen. Mit Pfeffer, Salz und
Zucker würzen. Äpfel reingeben. 8 Minuten bei
kleiner Hitze ziehen lassen. Mit einem Schaumlöffel rausnehmen und warm stellen. Meerrettich,
Sahne und Semmelbrösel in einer Schüssel
mischen. Kühl stellen.
Koteletts abspülen, mit Haushaltspapier abtupfen,
mit Salz und Pfeffer einreiben. Margarine in einer
Pfanne erhitzen. Koteletts darin auf beiden Seiten
7 Minuten braten. Auf einer vorgewärmten Platte
anrichten. Äpfel mit der Meerrettichmischung füllen. Auf jedes Kotelett einen Apfel setzen, sofort
servieren.

**Zutaten für 4 Personen**

4 Äpfel
$1/2$ l Weißwein
$1/2$ l Wasser
1 Messerspitze weißer
Pfeffer
Salz
1 Prise Zucker
20 g geriebener Meerrettich
aus dem Glas
30 g saure Sahne
10 g Semmelbrösel
4 Schweinekoteletts von
je 180 g
Salz
weißer Pfeffer
40 g Margarine

# Bamberger Krautbraten

**Zutaten für 4 Personen**

---

**500 g Weißkohl (Weißkraut)**
**2 Eßlöffel Schweineschmalz**
**2 gehackte Zwiebeln**
**250 g gewürfeltes**
**Schweinefleisch**
**500 g gemischtes Hackfleisch**
**1 Eßlöffel Kümmel**
**Salz**
**Pfeffer**
**1 Glas Weißwein**
**5 bis 8 Scheiben Räucherspeck**
**1 Eßlöffel Schweineschmalz**

Vom Kohlkopf die äußeren Blätter abnehmen. Strunk rausschneiden und den Kohlkopf 10 Minuten in siedendes Wasser legen. Im Sieb abtropfen lassen. 12 große Blätter ablösen. Restlichen Kohl fein hacken.

Schweineschmalz erhitzen. Gehackte Zwiebeln, Schweinefleischwürfel und Hackfleisch darin anbraten. Gehackten Kohl zufügen. Mit Kümmel, Salz und Pfeffer würzen. Weißwein reingießen. 10 Minuten schmoren lassen. Eine feuerfeste Form fetten und mit Kohlblättern auslegen. Die Fleischmischung reinfüllen. Mit Kohlblättern bedecken, mit dünnen Räucherspeckscheiben belegen. 1 Eßlöffel Schweineschmalz in Flöckchen darauf verteilen. Im vorgeheizten Ofen bei 220 Grad etwa 45 Minuten backen.

Beilage: Kartoffelklöße. Und zum Durstlöschen ein kühles Helles servieren.

# Eingemachtes Kalbfleisch

W er glaubt, bei diesem Gericht handelt es sich um eingemachtes oder eingelegtes Kalbfleisch, der irrt. Das Fleisch wird in einer feinen Soße serviert. Dazu gibt es breite Bandnudeln mit in Butter gerösteten Semmelbröseln.

Kalbfleisch unter fließend kaltem Wasser abspülen, mit Haushaltspapier trockentupfen. Wasser mit Salz in einem Topf aufkochen. Fleisch reingeben. Suppengrün waschen, putzen, trockentupfen und in grobe Würfel schneiden. Geschälte, halbierte Zwiebel zugeben. Fleischextrakt reinrühren. Bei geschlossenem Deckel 45 Minuten bei Mittelhitze garen lassen.

Für die Soße Butter in einem Topf erhitzen, Mehl unter Rühren zugeben. Mit ¹/₂ l heißer Kalbfleischbrühe ablöschen. Zitronensaft zugeben. Mit Salz und Pfeffer würzen. Kalbfleisch aus der restlichen Brühe nehmen, abtropfen lassen und in Scheiben schneiden. In die Soße geben und bei geringer Hitze noch 10 Minuten garen lassen. Zum Schluß Sahne unterrühren, aber nicht mehr kochen lassen.

In einer vorgewärmten, länglichen Schüssel anrichten und mit der gewaschenen, trockengetupften Petersilie garnieren.

 Restliche Kalbfleischbrühe für den nächsten Tag als Vorsuppe aufheben.

**Zutaten für 4 Personen**

750 g Kalbfleisch
(Schulter, Brust oder Kamm)
1 l Wasser
Salz
1 Bund Suppengrün
1 Zwiebel
1 Teelöffel Fleischextrakt
Für die Soße:
30 g Butter
30 g Mehl
¹/₂ l von der Kalbfleischbrühe
2 Eßlöffel Zitronensaft
Salz
weißer Pfeffer
¹/₈ l Sahne
Zum Garnieren:
¹/₂ Bund Petersilie

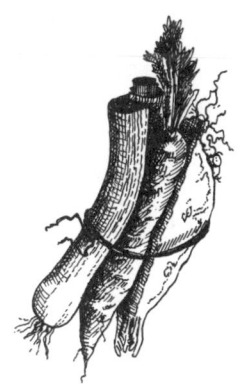

# Sauerbraten auf fränkische Art

**Zutaten für 4 Personen**

1 kg Rindfleisch
**Für die Marinade:**
$^1/_4$ l Rotwein
$^1/_8$ l roter Weinessig
$^1/_4$ l Wasser
1 Zwiebel
1 Lorbeerblatt
3 Nelken
5 Pfefferkörner
**Außerdem:**
Salz
schwarzer Pfeffer
100 g fetter Speck
2 Zwiebeln
1 Bund Suppengrün
$^1/_8$ l heiße Fleischbrühe
aus Würfeln
**Für die Soße:**
50 g Soßlebkuchen
$^1/_4$ l saure Sahne
Salz
Pfeffer
Zucker

Sauerbraten ist in Franken ein beliebtes Sonntagsgericht. Es wundert nicht, daß in der Heimat des Lebkuchens die Soße mit sogenannten »Soßlebkuchen« angedickt bzw. gewürzt wird.

Fleisch unter kaltem Wasser abspülen und mit Haushaltspapier trocknen. In einen Steinguttopf oder in eine Schüssel legen. Für die Marinade Rotwein, Weinessig und Wasser in einen Topf geben. Geschälte, in Ringe geschnittene Zwiebel, Lorbeerblatt, Nelken und Pfefferkörner zufügen. Aufkochen und erkalten lassen. Über das Fleisch gießen. Zugedeckt 3 Tage stehen lassen. Zwischendurch einmal wenden.
Fleisch aus der Marinade nehmen, abtrocknen und mit Salz und Pfeffer kräftig einreiben. $^1/_4$ l Marinade zurückbehalten. Speck würfeln und in einem Schmortopf 5 Minuten glasig werden lassen. Fleisch darin in 15 Minuten rundherum anbraten. Zwiebeln schälen und würfeln. Suppengrün putzen, waschen. Grob würfeln. In den Topf geben und 10 weitere Minuten braten. Heiße Fleischbrühe und einen Teil der durchgesiebten Marinade angießen. 90 Minuten zugedeckt schmoren lassen. Evtl. noch etwas Marinade zugießen. Fleisch auf einer tiefen Platte warm stellen.
Für die Soße Schmorfond in einen Topf sieben. Aufkochen. Lebkuchen in die Soße reiben. 5 Minuten kochen. Die Sahne hineinrühren und mit Salz, Pfeffer und Zucker abschmecken. Etwas Soße über den Braten gießen, den Rest getrennt reichen.
Beilage: Seidene Klöße.

# Fränkischer Wildschweinbraten

Ein besonderer Genuß ist das Fleisch von jungen Wildschweinen, die bis zu einem Jahr als Frischlinge gelten. Wenn Sie es kaufen, ist es bereits abgehangen und küchenfertig vorbereitet.

Fleisch unter kaltem Wasser abspülen. Mit Haushaltspapier trockentupfen. Speck in 1 cm dicke Streifen schneiden. Keule damit spicken. Dann kräftig mit Salz und Pfeffer einreiben. Öl im großen Bräter erhitzen. Fleisch darin 10 Minuten rundherum anbraten.

Zwiebel schälen und grob würfeln. Suppengrün putzen, waschen und kleinschneiden. Beides zum Fleisch geben. Auch die zerdrückten Pfefferkörner. Weitere 10 Minuten bräunen.

Dann den Weißwein angießen und den Topf in den vorgeheizten Ofen auf die mittlere Schiene schieben. Bratzeit: 60 Minuten bei 220 Grad. Nach und nach die heiße Fleischbrühe angießen. Häufig mit Fond überschöpfen. Nach 30 Minuten Bratzeit die saure Sahne über den Braten gießen. Aus dem Ofen nehmen. Auf einer vorgewärmten Platte anrichten. Bratfond loskochen, durchsieben, erhitzen und mit in kaltem Wasser angerührtem Mehl binden. 5 Minuten kochen lassen. Johannisbeergelee reinrühren. Mit Salz und Pfeffer abschmecken.

Beilagen: Kraut und Klöße.

**Zutaten für 6 Personen**

1,5 kg Frischlingskeule
100 g geräucherter fetter Speck
Salz
schwarzer Pfeffer
10 Eßlöffel Öl
1 dicke Zwiebel
1 Bund Suppengrün
1 Teelöffel zerdrückte Pfefferkörner
$^1/_8$ l Weißwein
$^1/_2$ l heiße Fleischbrühe aus Würfeln
$^1/_8$ l saure Sahne
20 g Mehl
2 Eßlöffel Johannisbeergelee

# Kalbsnierenbraten

**Zutaten für 6 Personen**

1,5 kg Kalbsnierenstück
oder Sattelstück längs
geteilt (mit einer Niere,
ohne Nierenfett und ohne
Lendchen)
Salz
schwarzer Pfeffer
1 Möhre
1 Zwiebel
1 Bund Petersilie
2 Nelken
1 Lorbeerblatt
1 Tomate
50 g weiches Kokosfett
$^1/_8$ l Weißwein
1 Eßlöffel Speisestärke

Von dem Kalbsnierenstück die Niere entfernen. Das Fleisch von dem Knochen sauber ablösen. Die Niere entfetten und längs halbieren. Weiße Röhren und Sehnen entfernen. Die Niere waschen und wässern. Dann das Fleisch waschen, trockentupfen und mit der Hautseite nach unten legen. Den fleischigen Teil mit Salz und Peffer würzen. Kalbsniere trockentupfen und der Länge nach auf das Fleisch legen. Das Fleisch von der dicken Seite her aufrollen und mit Baumwollfäden mehrmals umwickeln. Auch außen mit Salz und Pfeffer würzen.

Die abgelösten, abgespülten Knochen klein hacken und in einen Bratentopf legen. Möhre und Zwiebel schälen, waschen, trockentupfen und in 2 cm große Würfel schneiden. Petersilie waschen, trockentupfen. Die Hälfte ganz in dem Topf verteilen. Nelken, Loerbeerblatt und gewaschene, trockengetupfte, geviertelte Tomate auch zu den Knochen legen. Den Kalbsnierenbraten darauf setzen und mit Kokosfett bestreichen. Ein Butterbrotpapier drauflegen. Topf mit Deckel verschließen. In den vorgeheizten Backofen stellen. Bratzeit: 110 Minuten bei 200 Grad.

Den gegarten, leicht gebräunten Kalbsnierenbraten herausnehmen und vor dem Aufschneiden 10 Minuten auf vorgewärmter Platte warm stellen und ruhen lassen.

Weißwein zum Bratensatz geben, 2 bis 3 Minuten durchkochen und durchseihen. Soße entfetten. Speisestärke in einer Tasse mit etwas kaltem Wasser verrühren und die Soße damit binden. Braten

aufschneiden. Mit Petersiliensträußchen gar-
nieren.
Beilagen: Kraut oder verschiedene Gemüse:
Erbsen, Karotten, Bohnen und Salzkartoffeln.

Kalbsnierenbraten kann auch am
Spieß zubereitet werden. Hierfür
einen Kalbsnierenbraten wie oben vorbereiten,
aber außen mit einem gestrichenen Teelöffel
Thymian zusätzlich einreiben. An den Spieß eines
Elektrogrills stecken und mit den Klammern gut
befestigen. Den Braten mit 2 Eßlöffeln Öl bepinseln. In den vorgeheizten Grill geben und den
Drehmotor einschalten. Grillzeit: Etwa 2 Stunden.
Braten mehrmals mit abtropfendem Fett einpinseln. Wird der Kalbsnierenbraten zu braun, so
umhüllt man ihn mit dünner Alufolie. Dann muß
er aber 2 1/2 Stunden garen.

# Kärrnersbraten

**Zutaten für 6 Personen**

**Für den Braten:**
1,5 kg Rinderbrust
ohne Knochen
Salz
schwarzer Pfeffer
**Für die Füllung:**
2 Brötchen
$1/2$ l Wasser
3 Zwiebeln
30 g Margarine
2 Eier
250 g Schweinsbratwürste
2 Bund Petersilie
Salz
weißer Pfeffer
**Außerdem:**
$2 1/2$ l Wasser
Salz
1 Bund Suppengrün
1 Zwiebel
1 Lorbeerblatt
50 g Margarine
$1/4$ l Sahne
**Für die Soße:**
2 Eßlöffel Mehl
2 Eßlöffel Tomatenmark
$1/8$ l Weißwein

Kärrner hießen früher die Fuhrleute, die mit Pferd und Wagen ihre Fahrgäste nach Hause brachten. Nach ihnen benannte man in Würzburg die Kärrnersgasse, in der diese Menschen lebten. Die Kärrnersfrauen haben dieses schmackhafte, deftige Gericht erfunden.

In die Rinderbrust vom Fleischer eine Tasche schneiden lassen. Fleisch unter fließendem Wasser abspülen und mit Haushaltspapier innen und außen trockentupfen. Mit Salz und Pfeffer einreiben.
Für die Füllung die Brötchen in einer Schüssel mit Wasser einweichen. Zwiebeln schälen, halbieren und würfeln. Margarine in einer Pfanne erhitzen und die Zwiebeln 3 Minuten glasig braten. In eine Schüssel geben. Eier und die ausgedrückten Brötchen drübergeben. Würste häuten. Brät in die Schüssel geben. Petersilie abspülen, trockentupfen und hacken. Auch dazugeben. Alles zu einem Teig kneten. Mit Salz und Pfeffer würzen.
Farce in das Rindfleisch füllen. Die Öffnung leicht mit einem Zwirnsfaden zunähen.
Wasser in einem Topf aufkochen, salzen. Suppengrün putzen, waschen und grob zerkleinert in den Topf geben. Zwiebel schälen, mit dem Lorbeerblatt spicken und auch reingeben. Fleisch ins Wasser legen und 60 Minuten kochen. Rausnehmen, auf einem Sieb abtropfen lassen.
Margarine in einem Bräter erhitzen, Fleisch reingeben und in 10 Minuten von allen Seiten braun anbraten. Sahne und $1/4$ l abgekühlte, durchge-

siebte Fleischbrühe mischen. Über das Fleisch
gießen. Bräter in den vorgeheizten Ofen auf die
mittlere Schiene stellen. Bratzeit: 45 Minuten bei
220 Grad.
Den Braten rausnehmen. Fleisch in 2 cm dicke
Scheiben schneiden, auf einer vor-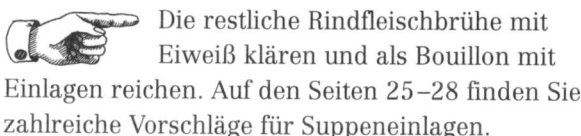
gewärmten Platte anrichten und warm
stellen. Bratfond durch ein Sieb in einen Topf
gießen und aufkochen. Mehl und Tomatenmark
in einem Becher mit dem Wein verquirlen. In
den Fond rühren und 8 Minuten kochen lassen.
Soße extra reichen.
Beilagen: Krautsalat und Kartoffel- oder Semmel-
klöße. Als Getränk ein kühles Bier.

Die restliche Rindfleischbrühe mit
Eiweiß klären und als Bouillon mit
Einlagen reichen. Auf den Seiten 25–28 finden Sie
zahlreiche Vorschläge für Suppeneinlagen.

# Täubchen auf fränkische Art

**Zutaten für 4 Personen**

---

**4 frische junge Täubchen
(mit Innereien)
Salz
weißer Pfeffer
1 kleiner Zweig Rosmarin
100 g Butter zum Anbraten
und zum Verfeinern der Soße
Für die Füllung:
150 g entrindetes Weißbrot
$^1/_8$ l Milch
50 g Butter
3 Eier
4 Eßlöffel gehackte Petersilie
Thymian
Majoran
Salz
schwarzer Pfeffer
frischgeriebene Muskatnuß**

Für die Füllung das entrindete Weißbrot in Würfel schneiden. Milch erhitzen und über die Brotwürfel gießen.

Die Täubchen ausnehmen, Leber, Nieren und Herzen beiseite legen. Die Täubchen von Kopf und Füßen befreien und waschen. Die Haut über der Brust vorsichtig mit den Fingern vom Hals her lösen und die Täubchen von innen und außen kräftig mit Salz, Pfeffer und mit einigen Rosmarinnadeln bestreuen.

Leber und Nieren fein hacken. Das eingeweichte Weißbrot gut ausdrücken. Die Butter zerlassen und mit dem Weißbrot, den Eiern, den Innereien und den Gewürzen gründlich vermischen.

Die Weißbrotfüllung vorsichtig zwischen Haut und Brustfleisch der Täubchen streichen. Die Täubchenherzen mit einem Rest der Füllung umhüllen und in die Täubchen legen. Die Flügel verkreuzen. 50 g Butter in einer Kasserolle auf dem Herd erhitzen und die Täubchen darin anbraten. Auf die mittlere Schiene in den auf 200 Grad vorgeheizten Backofen stellen und gut zugedeckt 30 Minuten braten lassen. Zwischendurch mit etwas Wasser begießen.

Die Täubchen herausnehmen und warm stellen. Den Bratensatz mit wenig Wasser loskochen, 2 Minuten einkochen lassen und die restliche Butter in Flöckchen unterziehen. Die Soße eventuell mit etwas Salz abschmecken. Die Täubchen mit der Soße umgossen servieren.

Beilage: Junges Frühlingsgemüse wie Spargel oder Erbsenschoten.

# Tellerfleisch

**A**ls Tellerfleisch bezeichnet man in Franken, im übrigen Bayern und in Österreich gekochtes Rindfleisch, das in Scheiben geschnitten mit geriebenem Meerrettich serviert wird. Trotz seines Namens wird Tellerfleisch im Restaurant stilecht auf Holzbrettern serviert. Diese Bretter haben aber am Rand eine Rille, damit die Brühe nicht runterlaufen kann.

**Zutaten für 4 Personen**

750 g Rindfleisch
(Rinderbrust, Hoch- oder
Querrippe)
1 große Zwiebel
2 Nelken
1 Lorbeerblatt
1¹/₂ l Wasser
Salz
6 Pfefferkörner
3 Wacholderbeeren
50 g geriebener Meerrettich
1 Eßlöffel Zitronensaft
1 Teelöffel Zucker

Rindfleisch unter kaltem Wasser abspülen. Zwiebel schälen. Mit Nelken und Lorbeerblatt spicken. Wasser in einem Topf sprudelnd aufkochen und salzen. Fleisch, Zwiebel und die Gewürze reingeben. Zugedeckt 2 Stunden bei kleiner Hitze kochen lassen.
In der Zwischenzeit Meerrettich mit Zitronensaft und Zucker in einer Schüssel mischen.
Fleisch aus der Brühe nehmen. In 1 cm dicke Scheiben schneiden. Auf einer Platte oder einem Holzbrett anrichten. Mit durchgesiebter Brühe übergießen. Meerrettich in einem dicken Streifen auf das Fleisch verteilen. Sofort servieren.
Beilagen: Kopfsalat und Röstkartoffeln oder breite Nudeln.

 Gerne wird auch eine Meerrettich-soße zum Tellerfleisch gereicht: ¹/₄ l Milch und ¹/₄ l Fleischbrühe in einem Topf erhitzen. 60 g Semmelbrösel reingeben und 5 Minuten quellen lassen. Mit Salz, Zucker, Zitronensaft und frischgeriebenem Meerrettich (nach Geschmack) pikant würzen.

# Huhn im Salzteig

**Zutaten für 3–4 Personen**

---

1 Poularde (1,5–1,8 kg)
Salz
weißer Pfeffer
1 Zweig Rosmarin
1 Lorbeerblatt
4 Geflügellebern
1 kg Mehl
1 kg grobes Salz
(Meersalz)
$1/2$ l Wasser

Die Poularde innen mit Salz und Pfeffer würzen. Rosmarin, Lorbeerblatt und die Geflügellebern in das Innere geben. Die Öffnung mit einem Baumwollfaden zunähen.

Das Mehl und das grobe Salz in einer großen Schüssel mit $1/2$ l Wasser zu einem gleichmäßigen Teig verkneten. Auf einem leicht bemehlten Tisch mit der Hand zu einer runden Platte ausdrücken. Die Poularde mit dem Salzmehlteig umhüllen, dabei die Ränder fest zusammendrücken. Auf eine feuerfeste Platte legen und auf die untere Schiene in den auf 160 Grad vorgeheizten Backofen stellen. In reichlich $1 1/2$ Stunden garen.

Die fertige Poularde auf ein Brett geben und 30 Minuten ruhen lassen. Die harte Kruste mit einem scharfen Messer oder einer Küchenschere durchschneiden.

Die Poularde tranchieren und auf einer vorgewärmten Platte anrichten. Die noch rosigen Geflügellebern dazulegen.

Beilage: Kartoffelplätzchen (Bauchstecherla) und Kressesalat.

# Fleischpflanzel

W as für die Berliner die Buletten oder die Rheinländer die Frikadellen, sind für die Franken die Fleischpflanzel. Wie im Norden werden sie meist aus gemischtem Hackfleisch und Gewürzen zubereitet.

Semmel in einer Schüssel mit heißem Wasser einweichen. Hackfleisch in eine zweite Schüssel geben. Darauf die geschälten, fein gewürfelten Zwiebeln, Salz, Pfeffer, die aufgeschlagenen Eier und die ausgedrückte, zerpflückte Semmel. Daraus mit der Gabel oder mit sauberen Händen einen Fleischteig kneten. Würzig abschmecken und 4 oder 8 Pflanzel formen.
Schmalz in einer Pfanne erhitzen. Die Pflanzel darin auf jeder Seite 1/2 Minute anbraten, dann auf jeder Seite in 5 Minuten gar braten. Auf einer vorgewärmten Platte anrichten.
Beilage: Wirsinggemüse.

**Zutaten für 4 Personen**

1 altbackene Semmel
$1/4$ l heißes Wasser
500 g gemischtes Hackfleisch
(halb Rind, halb Schwein)
2 kleine Zwiebeln
Salz
Pfeffer
2 kleine Eier
2 Eßlöffel Butterschmalz

# Rehschlegel fränkisch

**Zutaten für 6–8 Personen**

1 Rehschlegel (1,8–2 kg)
1 Eßlöffel Öl
Salz
schwarzer Pfeffer
4 Wacholderbeeren
1 Messerspitze gemahlener
Ingwer
einige zerdrückte
Korianderkörner
6 Scheiben durchwachsener
Speck
50 g Butter
1 mittelgroße Zwiebel
1 Möhre
1 Stückchen Sellerie
1 Petersilienwurzel
1 Zweig Thymian
1 Lorbeerblatt
einige Pfefferkörner
1/4 l Rotwein
200 g Crème fraîche

Von dem Schlegel (Keule) gleich beim Einkauf den unteren Knochen auslösen lassen und mitnehmen. Die Keule enthäuten, waschen und trockentupfen.

Knochen und Häute in Öl anbraten und mit Salz und 1/4 l Wasser bedeckt 30 Minuten kochen. Brühe durch ein Sieb gießen.

Salz, Pfeffer, zerdrückte Wacholderbeeren, Ingwer und Koriander vermengen und das Rehfleisch mit dieser Mischung einreiben. Mit den Speckscheiben umhüllen und mit einem Baumwollfaden umwickeln.

Den Backofen auf 220 Grad vorheizen.

Die Butter in einem Schmortopf auf dem Herd erhitzen und die Rehkeule darin von allen Seiten anbraten. Die Gemüse in Würfel schneiden und mit den restlichen Gewürzen in den Schmortopf geben.

Den Topf auf die mittlere Schiene in den auf 220 Grad vorgeheizten Backofen stellen und die Rehkeule in etwa 1 1/2 Stunden gar braten. Während des Bratens hin und wieder mit dem Bratfond, etwas Rotwein und der Wildbrühe begießen. Die Rehkeule aus dem Topf nehmen und in Alufolie gehüllt warm stellen.

Den Bratensatz entfetten und mit dem restlichen Wein aufgießen. Aufkochen lassen und den Fond durch ein Sieb in einen kleinen Topf streichen. Die Sahne hinzufügen und die Soße 10 Minuten einkochen lassen. Mit Salz und Pfeffer abschmecken. Die Speckscheiben von der Rehkeule entfernen. Das Fleisch in Scheiben schneiden und auf einer

vorgewärmten Platte anrichten. Die Soße getrennt
dazu reichen.
Beilagen: Kroketten, Klöße oder hausgemachte
Nudeln, Preiselbeerkompott und Feldsalat (Schaf-
mäuli).

 Anstelle von Crème fraîche kann
man die Soße auch mit Butter-
flöckchen binden – dazu wird der durch ein Sieb
gestrichene Bratensaft von der Kochstelle genom-
men und die Butter in kleinen Stückchen unter
Schlagen mit einem Schneebesen mit der Soße
verbunden.
Sie können den Rehschlegel auch 2–3 Tage vor
der Zubereitung in eine Rotweinmarinade legen.

# Schweinebraten mit Kruste

**Zutaten für 4 – 6 Personen**

1 – 1,5 kg Schweinekeule
(Oberschale) oder
Schweineschulter mit
Schwarte
Salz
weißer Pfeffer
aus der Mühle
1 Eßlöffel Schmalz oder
Butter
1 Bund Suppengrün
1 Teelöffel Kümmel
1 Messerspitze Majoran
etwas dunkles Bier

In Franken wie im übrigen Bayern schätzt man Schweinebraten mit knuspriger Kruste als Sonntagsbraten.

Die Schwarte des Schweinebratens diagonal einschneiden oder gleich beim Einkauf einschneiden lassen.

Den Schweinebraten waschen, trockentupfen und gründlich mit Salz und Pfeffer einreiben. Das Fett in einem eisernen Schmortopf erhitzen und den Braten darin von allen Seiten anbraten.

Das Suppengrün kleinschneiden und mit Kümmel und Majoran in den Topf geben. Mit 1 Tasse Wasser aufgießen. Den Braten auf die untere Schiene in den auf 200 Grad vorgeheizten Backofen schieben und unter gelegentlichem Begießen mit dem Bratensaft in 1 1/2 – 2 Stunden gar braten. Die letzten 30 Minuten immer wieder mit Bier bepinseln, damit die Kruste schön knusprig wird. Den Braten herausnehmen und 10 Minuten stehen lassen.

Den Bratensaft mit etwas Wasser ablöschen, durch ein Sieb gießen, entfetten und evtl. noch mit etwas Salz abschmecken. Zu dem aufgeschnittenen Braten reichen.

Beilage: Kartoffelklöße, Blaukraut, Sauerkraut oder Krautsalat. Als Getränk paßt Bier dazu.

# Schweinepfeffer

Fleisch unter kaltem Wasser abspülen. Mit Haushaltspapier abtrocknen und in 2 bis 3 cm große Würfel schneiden.

Speck fein würfeln. In einem Topf in 3 Minuten glasig braten. Zwiebel schälen, würfeln und im Speckfett 3 Minuten braten. Dann das Fleisch in den Topf legen. Rundherum in 10 Minuten anbraten. Kräftig mit Pfeffer und Paprika würzen. Essig zufügen.

Nach und nach die heiße Fleischbrühe zugießen. Das Lorbeerblatt hineingeben. 60 Minuten zugedeckt bei schwacher Hitze schmoren lassen. Mehl mit wenig kaltem Wasser in einem Becher verquirlen. In den Schweinepfeffer rühren und noch 10 Minuten kochen lassen. Mit Salz, Pfeffer und Essig abschmecken. In einer vorgewärmten Schüssel servieren.

☞ Schweinepfeffer wird noch etwas kräftiger im Geschmack, wenn Sie das Fleisch vorher beizen. Für die Beize je 1 Möhre, Zwiebel und Petersilienwurzel, geputzt und kleingeschnitten, mit 1 Lorbeerblatt, 5 Gewürzkörnern und dem gewürfelten Fleisch in einem Steinguttopf mischen. Mit je 1/8 l Weißwein und Weinessig übergießen. Zugedeckt 24 Stunden an einem kühlen Ort ziehen lassen. Die Zubereitung ist die gleiche wie im oben angegebenen Rezept. Auf die Beigabe von Essig verzichten, wenn Sie 3 Eßlöffel Beize in den Bratfond geben.

**Zutaten für 4 Personen**

750 g Schweinefleisch
aus der Keule
50 g durchwachsener Speck
1 Zwiebel
schwarzer Pfeffer
2–3 Eßlöffel Essig
1 Teelöffel Paprika edelsüß
3/8 l heiße Fleischbrühe
1 Lorbeerblatt
20 g Mehl
Salz

# Geschmorte Kalbshaxe

**Zutaten für 4 Personen**

1 große Kalbshaxe
(ca. 1,5 kg)
Salz
weißer Pfeffer
2 Eßlöffel Butter
2 Möhren
1 große Zwiebel
2 Nelken
1 Stück Schale von
1 unbehandelten Zitrone
$1/2$ Lorbeerblatt
gut $1/8$ l Weißwein
$1/4$ l Fleischbrühe
(aus Extrakt)
2 Tomaten

Die Kalbshaxe waschen, trockentupfen und mit Salz und Pfeffer einreiben. Die Butter in einem Schmortopf erhitzen. Dann die Kalbshaxe darin von allen Seiten hellbraun braten.

Die Möhren und die Zwiebel schälen, die Möhren in Scheiben, die Zwiebel in Streifen schneiden. Zu dem Fleisch geben und 5 Minuten mit anrösten. Die Gewürze hinzufügen, und mit dem Wein und der Fleischbrühe aufgießen. Die Tomaten überbrühen, häuten und in Stückchen schneiden, dabei das harte gelbe Mark zurücklassen. Zu dem Fleisch geben und mit Salz und Pfeffer würzen. Den Schmortopf mit dem Deckel fest verschließen und auf die untere Schiene in den auf 200 Grad vorgeheizten Backofen schieben. Das Fleisch in $1 1/2$ Stunden gar schmoren lassen. Die letzten 15 Minuten den Topf öffnen und die Haxe durch Begießen mit der Soße glasieren.

Haxe aus der Soße nehmen und warm stellen. Die Soße mit dem Gemüse durch ein Sieb streichen und gut entfetten. Die Haxe in Scheiben schneiden und auf einer Platte anrichten. Die Soße dazu reichen.

Beilage: Kartoffelklöße oder Semmelknödel, Erbsen- und Möhrengemüse.

# Surhaxn

Für den Sud Zwiebeln schälen und vierteln. In einen Topf mit gesalzenem Wasser geben. Dazu Essig, Lorbeerblätter, Nelken, Pfeffer- und Senfkörner und Wacholderbeeren. 15 Minuten kochen lassen.

Kalbshaxen abspülen und abtropfen lassen. In den kochenden Sud geben. 2 Stunden zugedeckt kochen lassen. Suppengrün putzen, waschen, abtropfen lassen und in Streifen schneiden. 30 Minuten vor Ende der Garzeit zu den Haxen geben. Haxen aus dem Sud nehmen. Auf einer vorgewärmten Platte anrichten. Suppengemüse mit dem Schaumlöffel rausnehmen. Um die Haxe legen und servieren.

Beilage: Kartoffelpüree (Stopfer). Dazu schmeckt kühles Bier.

**Zutaten für 4–6 Personen**

**Für den Sud:**
3 Zwiebeln
1 3/4 l Wasser
Salz
1/4 l Essig
2 Lorbeerblätter
3 Nelken
6 Pfefferkörner
1/2 Teelöffel Senfkörner
2 Wacholderbeeren
**Außerdem:**
2 Kalbshaxen (je 1,2 kg)
2 Bund Suppengrün

 Anstelle von Essig können Sie auch Weißwein für den Sud verwenden.

# Herz gespickt und gefüllt

**Zutaten für 4 Personen**

1 Kalbsherz (600 g)
Salz
40 g geräucherter fetter Speck
$^1/_8$ l Estragonessig
Für die Füllung:
$^1/_2$ Brötchen
1 Tasse Wasser
1 kleine Zwiebel
$^1/_2$ Knoblauchzehe
$^1/_2$ Eßlöffel Butter
1 Bund Petersilie
Salz
weißer Pfeffer
Paprika edelsüß
1 Prise Thymian
Außerdem:
40 g Butter oder Margarine
1 Bund Suppengrün
30 g Mehl
$^3/_8$ l heiße Fleischbrühe
aus Würfeln
$^1/_8$ l saure Sahne

Gespicktes Herz ist ein typisches Rezept aus Unterfranken.

Herz von Fett, Sehnen und Röhren befreien. Unter kaltem Wasser abspülen und mit Haushaltspapier abtupfen. Innen etwas aushöhlen und mit Salz einreiben. Geräucherten Speck in etwa $^1/_2$ cm dicke Streifen schneiden. Außenwände des Herzens damit spicken. In eine Schüssel legen. Essig erhitzen und drübergießen. Zugedeckt 60 Minuten darin beizen.

In der Zwischenzeit die Füllung zubereiten. Dazu Brötchen in eine kleine Schüssel legen. Mit Wasser begießen und weichen lassen. Zwiebel und Knoblauchzehe schälen. Beides fein würfeln. In der heißen Butter 5 Minuten rösten. Brötchen ausdrücken. Zwiebel- und Knoblauchwürfel dazugeben. Petersilie unter kaltem Wasser abspülen, trockentupfen und fein hacken. Mit Salz, Pfeffer, Paprika und Thymian unter die Brötchenmasse mischen. Abschmecken und in das Herz füllen. Zunähen.

Butter oder Margarine in einem Topf erhitzen. Inzwischen Suppengrün putzen, waschen, trockentupfen und kleinschneiden.

Mit dem Herz in das heiße Fett geben. 10 Minuten rundherum anbraten. Mehl drüberstäuben. Noch 5 Minuten unter Rühren rösten. Mit der heißen Fleischbrühe aufgießen. In 70 Minuten garen.

Herz rausnehmen. Fäden entfernen, in Scheiben schneiden. Auf einer vorgewärmten Platte anrichten und warm stellen. Die Soße durch ein Sieb

passieren und noch mal erhitzen. Abschmecken. Topf vom Herd nehmen. Saure Sahne einrühren. Die Soße extra reichen. Beilagen: Kartoffelbrei oder Nudeln.

# Marinierte Ochsenbrust

Ochsenbrust unter kaltem Wasser abspülen. In das sprudelnd kochende, leicht gesalzene Wasser geben. Dazu die geschälte, mit Lorbeerblatt und Nelken gespickte Zwiebel, Pfefferkörner und das geputzte, gewaschene und zerkleinerte Suppengrün. Zugedeckt bei mittlerer Hitze 90 Minuten kochen lassen.

Das Fleisch in der Brühe erkalten lassen. Dann rausnehmen. Von Brüherückständen säubern. Fett abschneiden und das Fleisch in hauchdünne Scheiben schneiden.

Für die Essig-Kräuter-Marinade die Zwiebel schälen und reiben. Kräuter unter fließendem Wasser abbrausen, mit Haushaltspapier trockentupfen. Schnittlauch und Dill fein schneiden. Petersilie, Estragonblätter und Kerbel hacken. In einer Schüssel Essig, Öl und Senf verrühren. Mit Salz, Pfeffer und Zucker würzen. Zwiebel und Kräuter untermischen.

Fleisch mit der Essig-Kräuter-Soße übergießen und mindestens 2 Stunden marinieren.

**Zutaten für 4 Personen**

750 g Ochsenbrust
2 l Wasser
Salz
1 Zwiebel
1 Lorbeerblatt
2 Nelken
5 Pfefferkörner
1 Bund Suppengrün
Für die Essig-Kräuter-
Marinade:
1 kleine Zwiebel
je $1/2$ Bund Schnittlauch,
Dill und Petersilie
1 Stengel Estragon
1 Stengel Kerbel
4 Eßlöffel Weinessig
6 Eßlöffel Öl
1 Teelöffel Senf
1 Prise Zucker
Salz
schwarzer Pfeffer

# Schnickerli

**Zutaten für 4 Personen**

1 kg gesäuberter
Jung-Rindermagen (Kutteln)
Salz
Mehl
2 l Fleischbrühe
(selbstgemacht oder
aus Extrakt)
1 Rinderknochen
1 Bund Suppengrün
1 große Zwiebel
1 Lorbeerblatt
je 6 Pfeffer- und
Gewürzkörner
$^1/_2$ Teelöffel getrockneter
Majoran
**Für die Soße:**
40 g Butter oder Margarine
40 g Mehl
1 Glas Weißwein
weißer Pfeffer
1 Eßlöffel Essig
1 Prise Zucker
$^1/_2$ Teelöffel getrockneter
Majoran zum Bestreuen

Schnickerli sind saure Kutteln, die in Unterfranken gern gegessen werden. Die Zubereitung von Kutteln ist etwas aus der Mode gekommen.

Rindermagen unter fließendem Wasser gründlich waschen. Für 3 Stunden in eine Schüssel legen und ständig kaltes Wasser zulaufen lassen. Rausnehmen. Gründlich mit Salz und Mehl abreiben und noch mal waschen. Mit kaltem Wasser in einem Topf zum Kochen bringen. 60 Minuten kochen lassen.
Kutteln rausnehmen. In schmale Streifen schneiden. Kochwasser weggießen. Topf ausspülen. Die Kutteln wieder reingeben. Fleischbrühe zugießen. Rinderknochen abspülen, abtropfen lassen und auch dazugeben. Salzen. Suppengrün putzen, waschen und abtropfen lassen. Zwiebel schälen. Mit dem Suppengrün und den Gewürzen in den Topf geben. 4 Stunden kochen lassen.
Rinderknochen, Suppengrün und Zwiebel rausnehmen. Wegwerfen. Die Kutteln mit einem Schaumlöffel rausnehmen. Warm stellen: Die Brühe durchsieben und auch warm stellen.
Butter oder Margarine in einem Topf erhitzen. Mehl reinstreuen. Unter Rühren in 3 Minuten leicht bräunen. Mit knapp $^1/_2$ l durchgesiebter Brühe und dem Weißwein aufgießen. Mit Pfeffer, Essig, Zucker und, wenn nötig, noch mit Salz würzen. 5 Minuten kochen lassen. Die Kutteln wieder reingeben. Noch mal heiß werden lassen. Mit Majoran bestreut servieren.
Beilage: Salzkartoffeln oder frische Brötchen.

# Gefüllter Gänsebraten

Die ausgenommene Gans (Herz und Leber beiseite legen) von innen und außen waschen und mit einem Küchentuch abtrocknen. Aus dem restlichen Gänseklein, kleingeschnittenem Suppengrün und Salz eine Brühe kochen.
Gänseherz, in Stücke geschnittene Gänseleber, Bratwurstfülle und das gut ausgedrückte Toastbrot in einer Küchenmaschine pürieren. Die geschälte, in kleine Würfel geschnittene Zwiebel, Schalotte und Knoblauchzehe hinzufügen. Herzhaft mit Petersilie, Salz und Pfeffer würzen. In die Gans füllen und mit einem Baumwollfaden zunähen.
Die Zutaten für die Soße in einen Topf geben und 5 Minuten kochen lassen. Die Gans mit der Brustseite nach unten in eine Bratenpfanne legen, die Soße zugießen. Die Gans auf die untere Schiene in den Backofen stellen. Bei 200 Grad eine gute Stunde braten, dann wenden, die Keulen am unteren Ende mit einer Gabel einstechen, damit das Fett herausbraten kann, und das bisher herausgetretene Fett abschöpfen. Nach einer weiteren Bratzeit von etwa 1 1/2 Stunden (Bratzeit pro kg Gans 25 Minuten) die Gans mit etwas Bier einpinseln, damit die Haut schön knusprig wird. Dann herausnehmen und warm stellen.
Die Bratensoße entfetten, durchsieben und mit einer Tasse Gänsebrühe aufgießen, mit Majoran würzen und einkochen lassen. Die Füllung vorsichtig aus der Gans holen und in Scheiben schneiden. Die tranchierte Gans auf einer großen Platte anrichten. Die Soße getrennt reichen.
Beilagen: Blaukraut und Kartoffelklöße.

**Zutaten für 4 Personen**

1 junge Mastgans
mit Innereien (ca. 3,5 kg)
1/2 Bund Suppengrün
Salz
1 Gänseherz
1 Gänseleber
200 g Bratwurstfülle (Brät)
4 Scheiben Toastbrot,
in Milch eingeweicht
1 Zwiebel
1 Schalotte
1 Knoblauchzehe
(kann entfallen)
1 Eßlöffel gehackte Petersilie
schwarzer Pfeffer
**Für die Soße:**
1 l Apfelmost
1/2 l Wasser
2 Zwiebeln, gehackt
2 Bund Suppengemüse,
geputzt und kleingeschnitten
Salz
Pfeffer
**Außerdem:**
Bier zum Bestreichen der Gans
1 Teelöffel Zucker
Majoran

# Wachteln fränkische Art

**Zutaten für 4 Personen**

8 küchenfertige Wachteln
Salz
weißer Pfeffer
16 Weinblätter
150 g fetter Speck,
in dünne Scheiben geschnitten
50 g Margarine
1/8 l heiße Hühnerbrühe
aus Extrakt
1 Glas (2 cl) Weinbrand
3 Eßlöffel Crème fraîche
1/2 Kästchen Kresse

Wachteln innen und außen abspülen, trockentupfen und mit Salz und Pfeffer einreiben. Wachteln zuerst in Speckscheiben und dann in Weinblättern einwickeln, mit einem Faden umwickeln.

Margarine in einem Bräter erhitzen. Wachteln darin rundherum 20 Minuten braten.

Rausnehmen. Die Fäden entfernen. Wachteln auf einer vorgewärmten Platte anrichten und warm stellen.

Bratfond mit Hühnerbrühe und Weinbrand loskochen. 2 Minuten einkochen lassen. Crème fraîche hineinrühren und aufkochen lassen. Die Soße mit Salz und Pfeffer abschmecken.

Zwischendurch Kresse unter kaltem Wasser abbrausen. Gut abtropfen lassen. Mit einer Schere

kleine Sträußchen abschneiden und die Wachteln damit garnieren. Soße drübergießen und sofort servieren.

Beilage: Kartoffelplätzchen oder Kartoffelpüree.

# Kalbsvögele unterfränkisch

Kalbsvögele sind sehr feine Rouladen. Sie können auch mit Schinken- und Käsescheiben oder auch mit Bratenresten gefüllt werden.

Für die Füllung Würstchen der Länge nach mit einem scharfen Messer aufschneiden und das Brät in eine Schüssel geben. Zwiebel schälen, fein würfeln und dazugeben. Petersilie waschen, trockentupfen, hacken und untermischen. Mit Muskat, Salz und Pfeffer würzen. Wasser reingeben und alles glatt verrühren.
Kalbfleischscheiben mit Haushaltspapier abtupfen. Mit Salz und Pfeffer würzen. Füllung drauf streichen. Scheiben zusammenrollen und mit Holzspießchen feststecken.
Speck würfeln. Margarine in einem großen Topf erhitzen. Speck darin glasig werden lassen. Rouladen reingeben und rundherum 10 Minuten braun ausbraten. In der Zwischenzeit Möhren und Lauch putzen, waschen, grob zerkleinern und zugeben. Zwiebeln schälen und grob zerschnitten in den Topf geben. Pfefferkörner zufügen, Zitronenschale reinreiben. Mit heißer Fleischbrühe und Weißwein auffüllen. 40 Minuten schmoren lassen. Kalbsvögele rausnehmen. Warm stellen.
Gemüse und Bratfond durch ein Sieb in einen Topf streichen. Aufkochen. Butter und Mehl mit einer Gabel in einer Tasse mischen. In die heiße Soße rühren. Die Fleischrollen reingeben und heiß werden lassen. In einer vorgewärmten Schüssel anrichten.
Beilage: Gemischter Salat sowie Nudeln oder Salzkartoffeln.

**Zutaten für 4 Personen**

Für die Füllung:
2 Kalbsbratwürste (350 g)
$1/2$ Zwiebel
$1/2$ Bund Petersilie
geriebene Muskatnuß
Salz
weißer Pfeffer
1 Eßlöffel Wasser
Außerdem:
4 dünne Scheiben Kalbfleisch
(aus der Keule) von je 150 g
Salz
weißer Pfeffer
75 g durchwachsener Speck
30 g Margarine
3 Möhren
1 Stange Lauch
2 Zwiebeln
3 Pfefferkörner
abgeriebene Schale einer
halben Zitrone
$1/4$ l heiße Fleischbrühe
aus Würfeln
$1/8$ l Weißwein
Für die Soße:
25 g Butter
1 Eßlöffel Mehl

# Klöße, Beilagen und Gemüsegerichte

# Fränkische Klöße

**Zutaten für 4 Personen**

**Für den Kartoffelteig:**
**1,5 kg rohe Kartoffeln**
**500 g Pellkartoffeln**
**vom Vortag**
**¹/₄ l Milch**
**1 Eßlöffel Salz**
**Für die Füllung:**
**1 Brötchen vom Vortag**
**1 Eßlöffel Butter**
**Außerdem:**
**Salz**
**evtl. 1 Eßlöffel**
**feingeschnittener Schnittlauch**

Klöße erfreuen sich in Franken größter Beliebtheit. Viele Variationen kommen auf den Tisch: Kartoffelklöße halb und halb oder nur aus rohen oder gekochten Kartoffeln, auch Semmel- und Mehlklöße, um nur einige zu nennen. Im Gegensatz zum übrigen Bayern bezeichnen die Franken ihre Knödel als Klöße oder Kniedla.

Für den Kartoffelteig die rohen Kartoffeln waschen, schälen und auf einem Reibeisen in eine Schüssel mit kaltem Wasser reiben. Die Kartoffelmasse in ein Leinentuch oder ein Stoffsäckchen geben und gründlich auspressen. Das Wasser aufheben. Wenn sich die darin enthaltene Kartoffelstärke abgesetzt hat, das Wasser abgießen. Die gekochten, geschälten Kartoffeln ebenfalls reiben. Die Milch erhitzen, über die gekochten Kartoffeln gießen und glattrühren. Die rohe Kartoffelmasse, die gekochte Kartoffelmasse, die abgesetzte Stärke und das Salz mit den Händen zu einem glatten, weichen Teig verkneten. Wenn der Teig zu locker wird, etwas Mehl, Grieß oder Semmelmehl hineinarbeiten.
Für die Füllung das Brötchen in kleine Würfel schneiden und in der Butter goldbraun rösten.
Aus dem Kartoffelteig mit nassen Händen Klöße in der gewünschten Größe drehen und in die Mitte jeweils einige Semmelwürfel geben. Die Klöße nachformen.
In einem großen, breiten Topf reichlich Wasser zum Kochen bringen, salzen (1 l Wasser = 10 g Salz) und die Klöße vorsichtig mit einer Schaum-

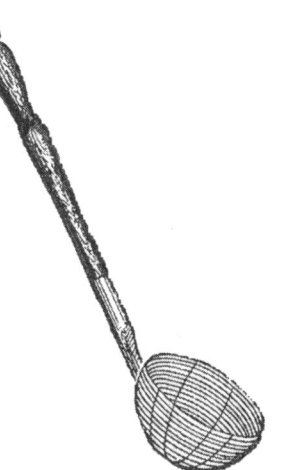

kelle einlegen. Im offenen Topf in 15 bis 20 Minuten gar ziehen lassen, das Wasser darf auf keinen Fall sprudelnd kochen.

Die fertigen Kartoffelklöße mit der Schaumkelle herausheben, gut abtropfen lassen und in eine vorgewärmte Schüssel geben. Man kann die fertigen Klöße mit feingeschnittenem Schnittlauch bestreuen.

Beilage zu Schweinebraten, Schmorbraten, Gänsebraten, dazu Rotkohl oder Sauerkraut.

# Semmelknödel

Semmeln in feine Scheiben schneiden. Milch erhitzen und drübergeben. 30 Minuten ziehen lassen. Butter erhitzen. Klein gewürfelten Speck darin gelb rösten.

Zwiebel und Petersilie fein hacken. Kurz mitschmoren. Abkühlen lassen. Zusammen mit den Eiern, Salz und Muskat zu den Brötchen geben. Gut mischen.

Hände kalt abspülen und mittelgroße Klöße formen. In kochendes gesalzenes Wasser geben. 20 Minuten ziehen lassen. Sofort servieren.

**Zutaten für 4 Personen**

8 altbackene Semmeln
(Brötchen)
3/8 l Milch
20 g Butter
50 g Räucherspeck
1 kleine Zwiebel
1/2 Bund Petersilie
3 Eier
Salz
Muskat

# Seidene Klöße

**Zutaten für 4 Personen**

1 kg Kartoffeln
Salz
200 g Kartoffelmehl
Salz
weißer Pfeffer
1/4 l kochendheiße Milch
2 Scheiben Weißbrot
40 g Butter
Wasser
Mehl zum Formen

Kartoffeln waschen. In einem Topf mit Wasser bedeckt 30 Minuten kochen. Wasser abgießen. Kartoffeln ausdämpfen lassen und schälen. Durch eine Kartoffelpresse oder ein Sieb in eine Schüssel passieren. Kartoffelmehl, Salz und wenig Pfeffer drüberstreuen. Milch drübergießen. Zu einem festen Teig kneten.

Weißbrot in kleine Würfel schneiden. Butter in einer Pfanne erhitzen. Weißbrotwürfel in 5 Minuten darin goldbraun rösten. Schwach gesalzenes Wasser in einem großen Topf zum Kochen bringen.

Aus der Kartoffelmasse mit bemehlten Händen 5 cm dicke Klöße formen. In jeden Kloß ein Loch drücken. 2 bis 3 Brotwürfel reingeben. Kloß wieder schließen. Mehl auf einen Teller geben. Klöße darin wenden. Ins leicht siedende Wasser geben und 20 Minuten ziehen, nicht kochen lassen. Probekloß mit 2 Gabeln auseinanderreißen. Wenn er die richtige Beschaffenheit hat, die Klöße mit einem Schaumlöffel rausnehmen, abtropfen lassen und in einer vorgewärmten Schüssel warm stellen, bis alle Klöße gar sind.

Wozu reichen? Mit grünen Bohnen, Rosenkohl oder Kraut zu Wild, Rinder- oder Schweinebraten.

# Wickelklöße

Wickelklöße werden besonders in Unterfranken gern gegessen. Häufig wird der Kartoffelteig vor dem Aufrollen nur mit zerlassener Butter bestrichen. Schmeckt auch prima!

Den durchwachsenen Speck fein würfeln. 5 Minuten in einer Pfanne bei schwacher Hitze ausbraten. Auf einem Sieb abtropfen lassen. 3 Eßlöffel Fett abnehmen, in einer Pfanne erhitzen. Semmelbrösel reingeben und unter Rühren in 3 Minuten anrösten.
Pellkartoffeln abziehen. In eine Schüssel reiben. Mehl, Backpulver, Ei und Salz zufügen. Alles zu einem geschmeidigen Teig verkneten. Falls er zu fest wird, etwas Milch zugießen. Kneten. Teig auf einer bemehlten Arbeitsfläche zu einer 1 cm dicken viereckigen Platte ausrollen. Speckwürfel darauf verteilen und dick mit Semmelbröseln bestreuen. Das Rechteck von der langen Seite her aufrollen und in 6 cm lange Stücke teilen. Die Schnittkanten danach fest zusammendrücken. In einem großen Topf Salzwasser zum Kochen bringen. Wickelklöße reingeben. Bei geringster Hitze in 20 Minuten gar ziehen lassen.

**Zutaten für 4 Personen**

200 g durchwachsener Speck
100 g Semmelbrösel
1 kg Pellkartoffeln
vom Vortag
375 g Mehl
1 Teelöffel Backpulver
1 Ei
Salz
4 Eßlöffel Milch
Mehl zum Ausrollen

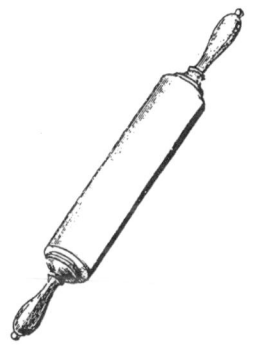

# Serviettenkloß

**Zutaten für 4 Personen**

8 Brötchen vom Vortag
$^1/_2$ l Milch
6 Eier
80 g Butter
2 Teelöffel Salz
3 Eßlöffel gehackte Petersilie
**Außerdem:**
Salz
20 g Butter für die Serviette

Die Rinde der Brötchen abreiben und die Brötchen zuerst in Scheiben, dann in Würfel schneiden. In eine Schüssel geben und mit der Milch übergießen. Die Eier trennen.

Butter, Eigelb und das Salz mit einem elektrischen Schneebesen zu einer cremigen Masse verrühren. Die Petersilie hinzufügen und zu den eingeweichten Semmelwürfeln geben. Alles miteinander gründlich verkneten und 10 Minuten durchziehen lassen.

Eine große Serviette oder ein sauberes Küchenhandtuch mit kochendem Wasser brühen und auswringen. Einen großen Kochtopf zwei Finger breit unter den Rand mit Wasser gefüllt zum Kochen bringen und 2 Eßlöffel Salz hinzufügen oder das Wasser in einem Topf mit Dampfeinsatz zum Kochen bringen.

Eiweiß steif schlagen und den Eischnee vorsichtig unter die Semmelmasse heben. Die Serviette mit flüssiger Butter ausstreichen. Den Semmelteig mit den Händen zu einer etwa 8 cm dicken Rolle formen. In die Mitte der Serviette geben und diese von beiden Seiten locker über der Kloßrolle zusammenschlagen (der Kloßteig geht beim Kochen auf). Die beiden Enden – wie bei einer Wurst – mit einem dünnen Bindfaden fest zusammenbinden. Die Serviette mit dem Kloßteig entweder mit einem dünnen Bindfaden an den Enden eines Holzlöffelstiels befestigen (Öffnung der Serviette nach oben) und in das kochende Wasser hängen oder, ebenfalls mit der Öffnung nach oben, in den Dampfeinsatz geben.

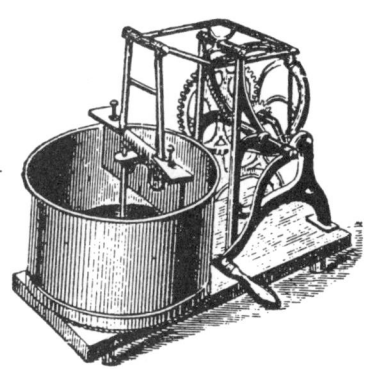

Die Kloßmasse 50 Minuten in dem leicht kochenden Wasser gar ziehen lassen. Den fertigen Ser-
viettenkloß vor dem Anschneiden in dem Tuch
5 Minuten ruhen lassen. Die Kloßrolle auf einem
Holzbrett aus dem Tuch wickeln. Mit einem sehr
scharfen Messer, besser noch mit einem Zwirnsfaden, in 2 cm dicke Scheiben schneiden. Auf
einer vorgewärmten Platte anrichten.
Wozu reichen? Zu Braten, Tellerfleisch und Pilz-
gerichten.

Ausgezeichnet schmecken übrig-
gebliebene Scheiben des Servietten-
knödels, wenn man sie in Butter aufbrät.

## Spargel auf fränkische Art

Die Stangen schälen und mit einem Baum-
wollfaden zu 4 Bündeln zusammenbinden.
Reichlich Wasser mit Salz, Zucker und Butter zum
Kochen bringen und die Spargelbündel darin in
15–20 Minuten bißfest kochen.
In der Zwischenzeit die Bratwürste im heißen
Butterschmalz rundum braun braten. Die Butter
bei niedriger Temperatur schmelzen. Den Spargel
gut abtropfen lassen und auf einer vorgewärmten
Platte anrichten. Mit den Bratwürsten und der
flüssigen Butter sofort servieren.
Beilage: Salzkartoffeln

**Zutaten für 4 Personen**

2 kg weißer Spargel
Salz
1 Teelöffel Zucker
20 g Butter
4 Paar fränkische Bratwürste
Butterschmalz zum Braten
150 g Butter

# Bauchstecherla

**Zutaten für 4 Personen**

500 g mehligkochende
Kartoffeln
Salz
50 g Mehl
2 Eier (getrennt)
2 Eßlöffel Sahne
frischgeriebene Muskatnuß
Öl und Butter zum Braten

H inter dieser gefährlichen Bezeichnung verbergen sich köstliche Kartoffelplätzchen. Sie können die Hälfte der Mehlmenge auch durch Grieß ersetzen.

Die Kartoffeln schälen, in Viertel schneiden und knapp mit Salzwasser bedeckt gar kochen. Das Kochwasser abgießen und die Kartoffeln im Topf so lange schütteln, bis sie ganz trocken sind.
Die Kartoffeln sofort durch die Kartoffelpresse in eine Schüssel drücken. Das Mehl, die Eigelbe, die Sahne sowie Salz nach Geschmack und Muskatnuß hinzufügen. Die Eiweiße steif schlagen und darunterziehen.
Je einen Eßlöffel Öl und Butter in einer Pfanne erhitzen. Mit einem Löffel kleine Teighäufchen in die Pfanne setzen und flachdrücken. Hellbraun braten, vorsichtig wenden und die andere Seite ebenfalls goldgelb braten.

 Man kann den Kartoffelteig durch Hinzugabe von feingehackten Kräutern oder in Butter glasig gebratenen Zwiebelwürfeln geschmacklich verändern.

# Kartoffelnudeln

Kartoffelnudeln, auch Fingernudeln wegen ihrer Form genannt, werden als Beilage zu Fleischgerichten, aber auch zu Kompott serviert.

Die Kartoffeln waschen und in wenig Wasser oder über Dampf gar kochen, abgießen und unter Schütteln des Topfes abdämpfen, bis sie ganz trocken sind. Die Schale abziehen und die Kartoffeln noch heiß durch die Kartoffelpresse in eine Schüssel drücken. Das Salz, die Eier, Mehl und Muskat an die Kartoffelmasse geben und schnell zu einem glatten Teig verarbeiten.
Mit bemehlten Händen aus der Masse kleine, fingerdicke und fingerlange Nudeln formen, die an beiden Enden spitz zulaufen.
In einer Pfanne reichlich Butterschmalz erhitzen und die Fingernudeln portionsweise darin von allen Seiten goldbraun braten. Mit einem Schaumlöffel herausnehmen und auf Küchenpapier abtropfen lassen. Auf eine Platte geben und warmstellen, bis alle Nudeln gebraten sind.

**Zutaten für 4 Personen**

1 kg mehligkochende Kartoffeln
$^1/_2$ Teelöffel Salz
2 Eier
100 g Mehl
1 Prise frischgeriebene Muskatnuß
Butterschmalz zum Braten

Hier eine Zubereitungsvariante der Kartoffelnudeln: Nudeln wie oben beschrieben formen, in eine gefettete Auflaufform legen und im vorgeheizten Backofen goldbraun backen. Kurz vor Ende der Backzeit $^1/_8$ l heiße Milch darübergießen. Die Nudeln sind fertig, wenn sie die Milch aufgesogen haben.

# Backes

**Zutaten für 4 Personen**

---

**1,5 kg große Kartoffeln**
**2 Zwiebeln**
**3 Eier**
**Salz**
**¹/₄ l Öl zum Braten**

In Franken heißen Kartoffelpuffer Backes, in Bayern Reiberdatschi, im Rheinland Riwkooche. Auf jeden Fall sind sie in ganz Deutschland beliebt. Eine fränkische Variation sind Apfelbackes: Kleine Apfelstückchen werden mit dem Kartoffelteig vermischt.

Kartoffeln schälen und unter kaltem Wasser waschen. Mit Haushaltspapier abtrocknen. Auf der Reibe (feine Seite) in eine Schüssel reiben. Zwiebeln schälen und auch reiben. Mit den Eiern reinschlagen. Salzen und gut verrühren.

Öl portionsweise in einer Pfanne erhitzen. Teig löffelweise reingeben. Zu glatten, kleinen, möglichst dünnen Fladen verstreichen. Auf jeder Seite in 3 Minuten goldbraun und knusprig backen. Rausnehmen. Öl abtropfen lassen. Sofort servieren.

# Bamberger Spatzen mit Specklinsen

Spatzen sind kleine Mehlklöße, die zusammen mit süß-sauren Specklinsen in Bamberg traditionell am Heiligen Abend gegessen werden. In anderen Gegenden Frankens serviert man zu „Mehlklöß" Bohnengemüse und Bauchfleisch.

Die Linsen einige Stunden in kaltem Wasser einweichen, dann abgießen, abtropfen lassen und in einen Kochtopf geben. Die Linsen mit 1 l Wasser bedecken, Zwiebel, Gewürze und Salz hinzufügen und bei leichter Hitze 45 Minuten zugedeckt kochen lassen; die Linsen sollen weich sein, dürfen aber nicht platzen.
Den Speck in kleine Würfel schneiden. Die Butter in einer Pfanne erhitzen und die Speckwürfel darin glasig braten. Die Linsen mit den Speckwürfeln vermischen und vor dem Servieren mit Petersilie bestreuen.
Während das Linsengemüse gart, die Spatzen zubereiten. Aus Mehl, Eiern, Milch und Salz einen festen Kloßteig herstellen. Semmeln in kleine Würfel schneiden, mit etwas Fett braun rösten, abkühlen lassen und mit dem Teig vermengen. Salzwasser in einem großen Topf zum Kochen bringen. Mit einem Löffel Klößchen abstechen und diese in etwa 15 Minuten gar ziehen lassen. Restliches Fett in der Pfanne heiß werden lassen, die Zwiebeln schälen, fein hacken und goldbraun rösten. Über die gut abgetropften Spatzen geben.

**Zutaten für 4 Personen**

**Für das Linsengemüse:**
400 g Linsen
1 geschälte Zwiebel mit
2 Nelken gespickt
1 Lorbeerblatt
Thymian
Salz
1/8 l Rotwein
150 g durchwachsener Speck
2 Eßlöffel Butter
3 Eßlöffel gehackte Petersilie
**Für die Spatzen:**
500 g Mehl
3 Eier
3/8 l Milch
Salz
4 Semmeln
80 g Butter oder Margarine
3 Zwiebeln

# Weißkraut auf fränkische Art

**Zutaten für 4 Personen**

1 Kopf Weißkohl (ca. 1 kg)
60 g durchwachsener Speck
2 Eßlöffel Schweineschmalz
1 Zwiebel
Salz
weißer Pfeffer
1 Eßlöffel Kümmel
1/4 l Weißwein
Zucker

Weißkohl putzen, vierteln, Strunk rausschneiden. Den Kohl unter kaltem Wasser abspülen, abtropfen lassen und in schmale Streifen schneiden. Speck würfeln. Schweineschmalz in einem großen Topf erhitzen, Speck reingeben und 5 Minuten anbraten. Zwiebel schälen und gewürfelt dazugeben. Darauf kommt der Weißkohl. Auch 10 Minuten anbraten. Mit Salz, Pfeffer und Kümmel würzen. Den Wein zugießen. 45 Minuten im geschlossenen Topf schmoren lassen. Mit Zucker abschmecken.
Wozu reichen? Zu Bratwürstchen oder Schweinebraten servieren.

# Sauerkraut

**Zutaten für 4 Personen**

750 g Sauerkraut
1 Zwiebel
2 Eßlöffel Gänseschmalz,
Butter oder Öl
je 5 Wacholderbeeren und
schwarze Pfefferkörner
1 Teelöffel Kümmel
1/8 l Weißwein (Riesling)
1/8 l Wasser
1 Prise Zucker
250 g geräucherter
Schinkenspeck (kann
fortgelassen werden)

Das Sauerkraut kurz mit Wasser abbrausen und gut ausdrücken. Sauerkraut aus Dosen braucht nicht gewaschen zu werden. Die geschälte Zwiebel in Würfel schneiden.
Das Fett in einem Schmortopf erhitzen und die Zwiebelwürfel darin glasig braten.
Das Sauerkraut und die Gewürze hinzufügen. Kurze Zeit durchschmoren lassen. Mit Wein und Wasser aufgießen, eine Prise Zucker hinzugeben und den Schinkenspeck auf das Sauerkraut legen. Gut zugedeckt in einer Stunde bei leichter Hitze kochen lassen.
Wozu reichen? Zu Schweinebraten, Brat- und Siedewürsten.

# Schwarzwurzeln mit Sahnesoße

Schon im 17. Jahrhundert baute man in Franken Schwarzwurzeln an. Eine lange Tradition!

Schwarzwurzeln gründlich unter kaltem Wasser abbürsten (am besten, Sie ziehen Gummihandschuhe an, sonst bekommen Sie braune Flecken, die nur schwer mit Essigwasser zu entfernen sind). Schaben und in eine Schüssel mit Essigwasser legen, bis alle Wurzeln geschält sind.
Wasser in einem länglichen Topf mit Salz und Zitronensaft aufkochen. Die Schwarzwurzeln reinlegen und zugedeckt 30 Minuten kochen lassen.
Für die Soße Butter oder Margarine in einem Topf erhitzen. Das Mehl zugeben und unter Rühren gut durchschwitzen lassen. Unter weiterem Rühren die heiße Gemüsebrühe (Kochbrühe) und die Sahne zugießen. 5 Minuten kochen lassen und mit Salz, Muskat und Zitronensaft abschmecken. Das Eigelb mit etwas Soße verquirlen und mit dem Schneebesen in die Soße rühren. Zum Schluß die Butter untermischen. Petersilie unter kaltem Wasser abspülen, trockentupfen und hacken.
Schwarzwurzeln abtropfen lassen. Auf einer vorgewärmten Platte wie Stangenspargel anrichten. Diagonal mit einem breiten Streifen Petersilie garnieren. Soße zu beiden Seiten der Petersilie über die Schwarzwurzeln verteilen oder getrennt reichen.
Beilagen: Gekochter Schinken und Salzkartoffeln.

**Zutaten für 4 Personen**

1 kg Schwarzwurzeln
3 Eßlöffel Essig
$3/4$ l Wasser
Salz
3 Eßlöffel Zitronensaft
Für die Soße:
40 g Butter oder Margarine
40 g Mehl
$3/8$ l Gemüsebrühe
$1/8$ l Sahne
Salz
Muskat
Zitronensaft
1 Eigelb
20 g Butter
Außerdem:
1 Bund Petersilie

# Kraut-Sputel

**Zutaten für 4 Personen**

**Für die Klöße:**
250 g Mehl
25 g Hefe
$^1/_8$ l lauwarme Milch
1 Teelöffel Zucker
1 Prise Salz
1 Ei
50 g Margarine
**Für das Kraut:**
1 Zwiebel
40 g Schweineschmalz
500 g Sauerkraut
2 Wacholderbeeren
Salz
1 Eßlöffel Zucker
$^1/_8$ l heiße Fleischbrühe
aus Würfeln
4 Kasseler Koteletts
von je 150 g

Kraut-Sputel ist ein altes Bauern-Rezept aus der Rhön. Besonderheit: Kraut, Klöße und Fleisch werden in einem Topf gegart. Wer einen schönen alten Eisentopf besitzt, sollte das Gericht darin kochen und auch servieren. Sonst eine feuerfeste Form nehmen.

Mehl in eine Schüssel geben. In die Mitte eine Mulde drücken. Hefe reinbröckeln. 2 Eßlöffel warme Milch und den Zucker drüberstreuen. Mit etwas Mehl vom Rand zu einem Vorteig verrühren. Zugedeckt 15 Minuten an einem warmen Ort aufgehen lassen.

Restliche Milch, Salz und Ei draufgeben. Margarine in Flöckchen auf den Rand setzen. Von außen nach innen einen Teig kneten. So lange schlagen, bis er sich vom Rand löst. Nochmal 30 Minuten gehen lassen.

In der Zwischenzeit für das Kraut die Zwiebel schälen und würfeln. Schweineschmalz in einem Topf oder in einer feuerfesten Form erhitzen, Zwiebel reingeben und in 3 Minuten hellbraun anbraten. Sauerkraut mit zwei Gabeln zerrupfen, auf einem Sieb abtropfen lassen. Kraut, Wacholderbeeren, Salz, Zucker und Fleischbrühe zu der Zwiebel geben. Zugedeckt 10 Minuten kochen lassen.

Kasseler Koteletts unter kaltem Wasser kurz abspülen, mit Haushaltspapier trockentupfen und fächerförmig in das Sauerkraut stellen.

Aus dem Hefeteig vier Klöße formen und zwischen die Koteletts legen.

Topf zugedeckt in den vorgeheizten Backofen auf die unterste Schiene stellen.
Garzeit: 60 Minuten bei 200 Grad. Topf aus dem Ofen nehmen und den Kraut-Sputel darin servieren.

# Blaukraut

Die äußeren harten Blätter des Rotkohls entfernen, den Kohl halbieren und den Strunk herausschneiden. Den Kohl hobeln oder in feine Streifen schneiden.
Die Äpfel vierteln, das Kerngehäuse entfernen, schälen und in Stücke schneiden.
Das Schmalz in einem Topf erhitzen und die Apfelstücke darin andünsten. Den Kohl und die Zwiebel hinzufügen. Mit Wasser und Rotwein aufgießen.
Die Zuckerstücke in einer Pfanne erwärmen, bis sie karamelisieren. Den Essig hinzufügen und aufkochen lassen. Zu dem Rotkohl geben. Den Topf gut verschließen und den Rotkohl in ca. 45 Minuten gar dünsten. Zum Schluß mit den Preiselbeeren vermischen.
Wozu reichen? Zu Schweinebraten, Gänse- und Entenbraten oder Wildgerichten.

**Zutaten für 4 Personen**

1 kg Rotkohl
2 säuerliche Äpfel
50 g Schweine- oder
Gänseschmalz
1 kleine, geschälte Zwiebel,
mit 2 Nelken gespickt
$1/4$ l Wasser
$1/8$ l Rotwein
3 Stück Würfelzucker
2 Eßlöffel Essig
2 Eßlöffel Preiselbeeren
(aus dem Glas)

# Zwiebeln Bamberger Art

**Zutaten für 4 Personen**

1 Brötchen
$^1/_4$ l Wasser
8 große Zwiebeln
$^1/_2$ l Wasser
Salz
Für die Füllung:
300 g Bratwurstbrät
1 Ei
4 Teelöffel gehackte Zwiebeln
(das Innere der großen
Zwiebeln)
Pfeffer
60 g Butter oder Margarine
$^1/_4$ l heiße Fleischbrühe
aus Extrakt
2 Eßlöffel Mehl
Salz
Pfeffer
4 Eßlöffel saure Sahne
Für die Garnierung:
1 Bund Petersilie

In der Gegend unterhalb Bambergs werden Zwiebeln angebaut. Im Volksmund bezeichnet man die Bamberger als „Zwiebeltreter". Mußte doch früher das Zwiebelkraut vor der Ernte umgetreten werden. Und das wurde mit den Füßen gemacht.

Brötchen in kaltem Wasser einweichen. Zwiebeln schälen, mit spitzem Messer kreisrund einschneiden. Mit einem Eßlöffel aushöhlen. Zwiebelfleisch hacken. In einem Schälchen beiseite stellen. Wasser mit Salz in einem Topf aufkochen und die Zwiebeln darin 15 Minuten ziehen lassen.

Für die Füllung das Brät mit dem Ei, dem ausgedrückten Brötchen, etwas gehacktem Zwiebelfleisch und Pfeffer vermischen. Die Zwiebeln damit füllen.

40 g Butter oder Margarine in einer feuerfesten Form erhitzen. Zwiebeln darin 5 Minuten anbraten. Restliche Butter in einer Pfanne erhitzen. Das restliche gewürfelte Zwiebelfleisch darin scharf anbraten. Zu den Zwiebeln in die feuerfeste Form geben. Fleischbrühe angießen. Form zugedeckt mit Deckel oder Alufolie in den vorgeheizten Ofen auf die mittlere Schiene stellen. 50 Minuten bei 180 Grad backen.

Nach 20 Minuten Backzeit den Deckel abnehmen. Mehl in einem Becher mit wenig kaltem Wasser verrühren. Bratfond damit binden. 7 Minuten köcheln lassen. Mit Salz, Pfeffer und saurer Sahne würzen.

Für die Garnierung Petersilie waschen, trocken-

tupfen, grob hacken und drüberstreuen. Gefüllte
Zwiebeln in der Form servieren.
Beilage: Kartoffelbrei. Als Getränk paßt Bam-
berger Rauchbier.

 Verwenden Sie für dieses Gericht
Gemüsezwiebeln.

## Wirsinggemüse fränkisch

Den Wirsing von den harten äußeren Blättern
befreien, waschen und vierteln. In kochendem Wasser 10 Minuten kochen lassen. In ein
Sieb schütten und kalt abschrecken. Wirsing gut
abtropfen lassen, ausdrücken und durch den
Fleischwolf drehen.
In einem Topf die Margarine erhitzen. Mehl zugeben und hell anschwitzen. Mit der heißen Fleischbrühe ablöschen und zugedeckt 5 Minuten
köcheln lassen.
Mit Salz, Pfeffer und reichlich Muskat abschmecken. Den durchgedrehten Wirsing hinzufügen, mit der Soße vermischen und noch einige
Minuten kochen lassen.

**Zutaten für 4 Personen**

1 Wirsingkopf
30 g Margarine
1 Eßlöffel Mehl
$1/4$ l Fleischbrühe
Salz
Pfeffer
geriebene Muskatnuß

# Desserts
## und süße
# Hauptspeisen

# Kirschsträuble

**Zutaten für 4 Personen**

**Für den Teig:**
150 g Mehl
75 g Zucker
1 Teelöffel Zimt
1 Prise Salz
je 3 Eßlöffel Milch und
Weißwein
3 Eier
**Außerdem:**
750 g reife Süßkirschen
mit Stielen
1 l Öl oder
750 g Kokosfett
75 g Puderzucker

Für den Teig Mehl, Zucker, Zimt und Salz in einer Schüssel mischen. Milch und Wein unterrühren. Eier verquirlen und in den Teig rühren. Teig zugedeckt 30 Minuten quellen lassen. Kirschen in kaltem Wasser abspülen und trockentupfen. Öl in einem großen Topf auf 180 Grad erhitzen. Jeweils fünf Kirschen an den Stielen zusammenbinden.

Erst in den Teig tauchen, dann ins heiße Fett geben. 2 Minuten fritieren. Fritierte Kirschen auf einen Kuchendraht legen. Dick mit Puderzucker bestäuben.

Wann reichen? Heiß oder kalt als Dessert oder zum Nachmittagskaffee servieren.

 Sie können die Kirschsträuble auch in der Pfanne backen.

# Trunkene Jungfrauen

Den Erwachsenen werden die Trunkenen Jungfrauen nichts anhaben. Bei Kindern allerdings sollte man vorsichtig sein – auch wenn dieses Dessert noch so gut schmeckt. Denn der Alkoholanteil ist doch erheblich.

Rosinen in einer Schüssel mit kochendem Wasser überbrühen und auf einem Sieb abtropfen lassen. Wieder in die Schüssel geben. Mit Tresterschnaps oder Weinbrand begießen. Zugedeckt quellen lassen. Für den Teig Eiweiß mit Wasser in einer Schüssel zu steifem Schnee schlagen. Nach und nach Zucker, Salz und Zitronenschale einrieseln lassen. Eigelb einzeln unter den Eischnee rühren. Mehl unterziehen.

Kokosfett oder Öl in einem Fritiertopf auf 180 Grad erhitzen. Mit zwei in das heiße Öl getauchten Teelöffeln vom Teig Bällchen abstechen. Immer 6 auf einmal im heißen Fett ausbacken. Mit einem Schaumlöffel rausnehmen, abtropfen lassen und auf Haushaltspapier abfetten. Warm stellen, bis alle Bällchen fertig sind.

Für die Soße Weißwein und Orangensaft mit Zucker und Mandeln in einem Topf unter Rühren aufkochen. Speisestärke mit wenig Wasser verquirlen. In die Soße rühren. Einmal aufkochen lassen. Rosinen mit Flüssigkeit in die Soße geben. Die heiße Soße über die Bällchen gießen. Sofort servieren.

Sie können anstelle des Weißweins auch Rotwein für die Soße verwenden. So oder so ein Genuß!

**Zutaten für 4 Personen**

50 g kernlose Rosinen
1 Glas (2 cl) Tresterschnaps
oder Weinbrand
Für den Teig:
3 Eiweiß
2 Eßlöffel Wasser
75 g Zucker
1 Prise Salz
abgeriebene Schale
einer Zitrone
3 Eigelb
100 g Mehl
500 g Kokosfett oder
³/₄ l Öl zum Fritieren
Für die Soße:
je ¹/₄ l Weißwein
oder Orangensaft
100 g Zucker
40 g gehackte Mandeln
20 g Speisestärke

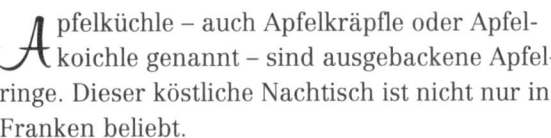

# Apfelküchle

**Zutaten für 4 Personen**

5–6 säuerliche Äpfel
2 cl Rum
Butter, Butterschmalz
oder Schweineschmalz
zum Ausbacken
Zucker und Zimt zum Wenden
Ausbackteig:
100 g Weizenmehl
3 Eier, getrennt
1 Eßlöffel Zucker
1 Prise Salz
etwas abgeriebene Schale von
1 unbehandelten Zitrone
1/8 l helles Bier

Apfelküchle – auch Apfelkräpfle oder Apfelkoichle genannt – sind ausgebackene Apfelringe. Dieser köstliche Nachtisch ist nicht nur in Franken beliebt.

Für den Ausbackteig das Mehl in eine Schüssel geben. Eigelb, Zucker, Salz und Zitronenschale hinzufügen und unter ständigem Rühren mit einem Schneebesen das Bier hinzugießen. So lange rühren, bis ein glatter Teig entstanden ist. Eine Stunde stehen lassen.
Inzwischen die Äpfel schälen, mit einem Ausstecher die Kerngehäuse entfernen und die Äpfel in 1 cm dicke Ringe schneiden. Mit Rum beträufeln. Eiweiß steif schlagen und unter den Teig ziehen. Das Ausbackfett in einer tiefen Pfanne erhitzen, bis sich um einen hineingehaltenen Holzlöffelstiel kleine Bläschen bilden. Die Apfelringe der Reihe nach in dem Ausbackteig wenden und in dem heißen Fett schwimmend von beiden Seiten goldbraun backen. Mit einem Schaumlöffel herausheben und auf Küchenpapier gut abtropfen lassen. Die Apfelküchle in Zimtzucker wenden und noch warm servieren.
Beilage: Aprikosensoße, Vanilleeis oder Zimteis.

# Rohrnudeln

Rohrnudeln sind in Süddeutschland und Österreich auch unter dem Namen Buchteln bekannt und heiß begehrt.

Mehl in eine vorgewärmte Schüssel geben. In die Mitte eine Mulde drücken. Hefe reinbröckeln. 1 Teelöffel Zucker und abgeriebene Zitronenschale dazugeben. Mit etwas Mehl und Milch zum Vorteig verrühren. 20 Minuten an einem warmen Ort gehen lassen.
Restliche Milch dazugeben, auch das Ei, Salz und die Margarine. Alle Zutaten gut kneten, dann den Teig schlagen, bis er sich vom Schüsselrand löst und trocken ist. Nochmal 20 bis 30 Minuten gehen lassen. Der Teig muß sich dabei ungefähr verdoppeln.
Dann wird er etwa daumendick auf einem bemehlten Brett ausgerollt. In etwa 9 cm große Quadrate schneiden. Auf jedes Quadrat 1 Teelöffel Pflaumenmus geben. Die Ecken hochziehen und zusammendrücken. Rohrnudeln rundherum mit zerlassener, abgekühlter Butter bestreichen. Dicht nebeneinander in eine gut gefettete Fettpfanne setzen. (Man kann auch eine andere feuerfeste Form nehmen.) Noch 20 Minuten gehen lassen. In den vorgeheizten Ofen schieben. Backzeit: 30–35 Minuten bei 200 Grad.
Aus dem Ofen nehmen. Mit Puderzucker bestäuben und heiß servieren. Entweder Sie stellen die ganze Form auf den Tisch und jeder nimmt sich seine Portion, oder Sie richten die Rohrnudeln voneinander getrennt auf einer Platte an.

**Zutaten für 4 Personen**

500 g Mehl
40 g Hefe
50 g Zucker
abgeriebene Schale einer
halben Zitrone
$1/4$ l lauwarme Milch
1 Ei
1 Prise Salz
70 g Margarine
etwas Mehl
Zum Füllen:
125 g Pflaumenmus
100 g Butter zum Bestreichen
etwas Margarine zum
Einfetten
Puderzucker zum Bestäuben

# Scheiterhaufen

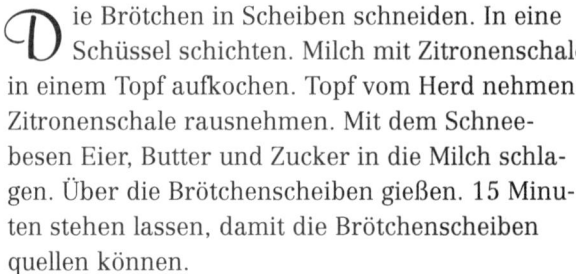

**Zutaten für 4 Personen**

---

5 altbackene Brötchen
$^{1}/_{2}$ l Milch
1 Stück Zitronenschale
2 Eier
50 g Butter
100 g Zucker
500 g Äpfel
100 g Rosinen
50 g abgezogene Mandeln
Butter zum Einfetten
50 g Butter zum Belegen

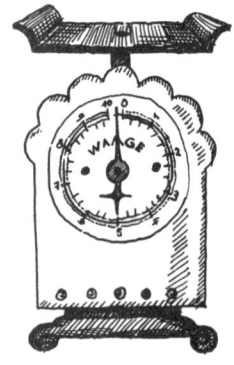

Die Brötchen in Scheiben schneiden. In eine Schüssel schichten. Milch mit Zitronenschale in einem Topf aufkochen. Topf vom Herd nehmen, Zitronenschale rausnehmen. Mit dem Schneebesen Eier, Butter und Zucker in die Milch schlagen. Über die Brötchenscheiben gießen. 15 Minuten stehen lassen, damit die Brötchenscheiben quellen können.

In der Zwischenzeit Äpfel waschen, schälen, vierteln und entkernen. In dünne Scheiben schneiden. Rosinen in einer Schüssel mit kochendem Wasser übergießen. 1 Minute quellen lassen. Auf einem Sieb gut abtropfen lassen. Dann in einem Tuch trockenreiben. Die Mandeln grob hacken.

Eine feuerfeste Form mit Butter einfetten. Vorsichtig die Hälfte der eingeweichten Brötchenscheiben reinschichten. Darüber die Apfelscheiben, dann Rosinen und Mandeln verteilen. Mit den restlichen Brötchenscheiben bedecken. Butter in Flöckchen darauf verteilen.

Form offen auf die mittlere Schiene in den vorgeheizten Ofen stellen. Backzeit: 45 Minuten bei 220 Grad. Scheiterhaufen aus dem Ofen nehmen und sofort in der Form servieren.

Wann reichen? Als Hauptgericht zum Mittagessen nach einer leichten Gemüsesuppe oder einer Bouillon mit Einlage. Oder als süßes Abendessen.

# Kartäuserklöße mit Apfelweinsoße

Für die Soße Apfelwein mit Wasser und Zucker in einem Topf aufkochen. Speisestärke mit kaltem Wasser anrühren, zum Apfelwein gießen, unter Rühren aufkochen und auf kleiner Flamme in 3 Minuten dick werden lassen. Vom Herd nehmen.

Eigelb in einer Tasse mit 4 Eßlöffeln heißer Soße verquirlen, wieder in die Soße rühren. Eiweiß steif schlagen. Auch unter die Soße heben. Abkühlen lassen.

Die Brötchen rundum abreiben. Halbieren. Abgeriebene Semmelbrösel auf einem Teller beiseite stellen. Milch, Eier, Zucker, Salz und Zitronenschale in einer Schüssel verquirlen. Brötchen reingeben und 15 Minuten durchziehen lassen. Ab und zu wenden. Rausnehmen und abtropfen lassen. Zucker, Zimt und die Semmelbrösel mischen. Die Brötchen darin wenden.

Margarine in einer Pfanne erhitzen und die Kartäuserklöße darin rundherum in 5 Minuten goldbraun backen. Abtropfen lassen und mit der Soße servieren.

Wann reichen? Als sättigendes Dessert nach einer leichten Gemüsesuppe oder nach leichten Fischgerichten.

**Zutaten für 4 Personen**

**Für die Soße:**
3/8 l Apfelwein
1/8 l Wasser
65 g Zucker
2 Eßlöffel Speisestärke
3 Eigelb
3 Eiweiß
**Für die Klöße:**
8 altbackene Brötchen
1 l heiße Milch
2 Eier
1 Eßlöffel Zucker
Salz
abgeriebene Schale einer
halben Zitrone
1 Eßlöffel Zucker
1 Messerspitze gemahlener
Zimt
100 g Margarine

# Dampfnudeln

**Zutaten für 4 Personen**

500 g Mehl
50 g Zucker
30 g Hefe
1/4 l Milch
1 Ei
50 g Butter
abgeriebene Schale einer
ungespritzten Zitrone
1 Prise Salz
**Zum Dämpfen:**
1/4 l Milch
40 g Butter
50 g Zucker
Salz

Was wäre die süddeutsche Küche ohne Dampfnudeln, diese köstlichen, lockeren Gebilde. Für den Fremden ist der Name allerdings etwas irreführend, denn mit üblichen Nudeln haben sie nichts gemeinsam. Man sieht und schmeckt es aber sofort.

Mehl in eine Schüssel sieben. Zucker am Rand um das Mehl streuen. In die Mitte eine Vertiefung drücken. Die Hefe zerbröckeln, in die Vertiefung geben und mit etwas lauwarmer Milch zu einem Brei verrühren, wobei etwas Mehl und Zucker beigemischt werden. Schüssel mit einem Tuch zudecken, 15 Minuten an einem warmen Ort gehen lassen.
Ei mit der restlichen Milch verquirlen, zu der Mehlmischung geben. Weiche Butter in Flöckchen draufsetzen. Zitronenschale und Salz reingeben. Alles kräftig durchkneten, bis sich der Teig vom Schüsselrand löst.
Den Teig zu einer Rolle formen, in 14 Teile schneiden. Glatte Bällchen formen und auf dem bemehlten Backbrett an einer warmen Stelle etwa 30 Minuten aufgehen lassen.
In einen ausreichend großen Topf die Hälfte von Milch, Butter, Zucker und Salz geben. 7 Bällchen hineingeben. Deckel schließen. Flüssigkeit zum Kochen bringen. Dann den Teig bei schwacher Hitze etwa 20 Minuten dämpfen. Dabei muß der Topfdeckel fest geschlossen bleiben. Mit den restlichen 7 Bällchen ebenso verfahren.

Die Dampfnudeln sind fertig, wenn sie unten eine schöne braune Kruste haben.
Beilagen: Kompott, Vanille- oder Weinschaumsoße.

 Dampfnudeln schmecken kalt sehr gut als Kaffeegebäck.Eventuell mit etwas Konfitüre oder auch mit Sirup verfeinern.

# Weincreme

Gelatine in einer Schüssel mit kaltem Wasser 10 Minuten einweichen.
Eigelb in einer feuerfesten Schüssel mit Zucker und Vanillinzucker schaumig rühren. Weißwein, Orangen- und Zitronensaft zugeben. Im kochenden Wasserbad in 3 Minuten cremig schlagen. Rausnehmen. Ausgedrückte Gelatine in die heiße Creme rühren. So lange rühren, bis sich die Gelatine aufgelöst hat. Creme abkühlen lassen. Dann im Kühlschrank erstarren lassen.
Eiweiß in einer Schüssel zu festem Schnee schlagen. Sahne auch steif schlagen. Kurz bevor die Creme ganz fest wird, zuerst den Eischnee, dann die Sahne unterheben. Bitte die Reihenfolge beachten. 60 Minuten zugedeckt in den Kühlschrank stellen.
Weintrauben waschen, Beeren von den Stielen zupfen. Entkernen. Creme damit garnieren und kühl servieren.

**Zutaten für 4 Personen**

6 Blatt weiße Gelatine
4 Eigelb
75 g Zucker
1 Päckchen Vanillinzucker
$^1/_4$ l herber Weißwein
Saft einer Orange
Saft einer Zitrone
2 Eiweiß
$^1/_4$ l Sahne
Zum Garnieren:
250 g blaue Weintrauben

# Hollerküchle

**Zutaten für 4 Personen**

**Für den Teig:**
150 g Mehl
1 Prise Salz
3 Eigelb
$1/4$ l Milch
$1/4$ l Wasser
3 Eiweiß
1 Päckchen Vanillinzucker
12 Holunderblütendolden
**Zum Braten:**
100 g Butter
**Zum Bestreuen:**
50 g Zucker
$1/2$ Teelöffel Zimt

Holler ist die süddeutsche Bezeichnung für Holunderbeeren. Sie können auch Holunderblüten-Kuchen sagen. Leider gibt's die Hollerküchle bzw. Hollersträuble nur zur Blütezeit des Holunders. Und noch ein Nachteil: Die Blüten können Sie nicht kaufen, aber selbst pflücken. Holunder wächst fast überall.

Für den Teig Mehl in eine Schüssel geben. In die Mitte eine Mulde drücken. Salz, Eigelb, Milch und Wasser in einer Schüssel verquirlen. Mischung mit dem Schneebesen nach und nach von der Mitte aus in das Mehl rühren. Teig 30 Minuten ruhen lassen, damit das Mehl quellen kann.
Eiweiß und Vanillinzucker in einer Schüssel mit dem Schneebesen oder dem Elektroquirl steif schlagen und unter den Teig heben. Holunderblütendolden unter kaltem Wasser abspülen. Mit Haushaltspapier vorsichtig trockentupfen.
Butter in einer Pfanne erhitzen. Die Dolden in den Teig tauchen. Jeweils 4 Küchle in der heißen Butter (Stielende nach oben) backen. Auf Tellern anrichten. Zucker mit Zimt mischen. Hollerküchle damit bestreuen, heiß servieren.

Es sieht lustig aus, die Doldenstiele dranzulassen und die Küchle so zu servieren. Wenn Sie aber ganz fein sein wollen, müssen Sie die Stiele abschneiden.

# Zwetschgenmännle

Zwetschgenmännle ist ein süßer Auflauf, der in Franken gern als Hauptgericht serviert wird. Und weil »Männle« so beliebt sind, gibt es auch noch das Kerschenmännle, das mit Süß- oder Herzkirschen zubereitet wird.

Brötchen in knapp 1/2 cm dicke Scheiben schneiden. In einer Schüssel mit der Milch übergießen. Zugedeckt 20 Minuten weichen lassen.
In der Zwischenzeit Zwetschgen gründlich waschen, abtrocknen und entsteinen. In eine Schüssel geben. Mit der Hälfte des Zuckers bestreuen. Butter oder Margarine in einer Schüssel schaumig schlagen. Nach und nach Eigelb und den restlichen Zucker zufügen. Salz, abgeriebene Zitronenschale, Zwetschgenwasser und Brötchenmasse reinrühren. Mehl und Mandeln mischen. Auf die Eiermasse geben. Eiweiß in einer Schüssel steif schlagen. Aufs Mehl gleiten lassen. Alles unterheben.
Eine feuerfeste Form mit Margarine einfetten. Die Hälfte des Teiges reinfüllen, darauf die Zwetschgen und zum Abschluß den restlichen Teig. Die Oberfläche mit einem Löffel glattstreichen. Semmelbrösel drüberstreuen. Butter in Flöckchen drauf verteilen. Form in den vorgeheizten Ofen auf die mittlere Schiene stellen. Backzeit: 60 Minuten bei 180 Grad. Auflauf aus dem Ofen nehmen und heiß servieren.

**Zutaten für 4 Personen**

4 altbackene Brötchen
1/4 l Milch
750 g Zwetschgen
150 g Zucker
70 g Butter oder Margarine
4 Eigelb
1 Prise Salz
abgeriebeneSchale einer halben Zitrone
1 Glas (2 cl) Zwetschgenwasser
je 80 g Mehl und gemahlene Mandeln
4 Eiweiß
Margarine zum Einfetten
Außerdem:
20 g Semmelbrösel
20 g Butter

# Weckpudding

**Zutaten für 4 Personen**

4 altbackene Brötchen
¹/₄ l heiße Milch
50 g Rosinen
75 g Margarine
abgeriebene Schale
einer Zitrone
100 g Zucker
1 Päckchen Vanillinzucker
1 Teelöffel gemahlener
Zimt
3 Eigelb
75 g gemahlene Mandeln
3 Eiweiß
1 Prise Salz
Margarine zum Einfetten
Semmelbrösel
zum Ausstreuen

Brötchen in dünne Scheiben schneiden. In einer Schüssel mit heißer Milch übergießen und zugedeckt 10 Minuten weichen lassen.

In der Zwischenzeit die Korinthen auf einem Sieb unter heißem Wasser waschen. Sehr gut abtropfen lassen und in einem Küchentuch trockenreiben.

Margarine in einer Schüssel schaumig rühren. Zitronenschale, Zucker, Vanillinzucker, Zimt und Eigelb nach und nach zufügen. Brötchen und die gemahlenen Mandeln draufgeben. Eiweiß mit Salz in einer Schüssel steif schlagen. Auf die Puddingmasse gleiten lassen. Alles locker mischen.

Eine Puddingform (Durchmesser 18 cm) mit Margarine einfetten und mit Semmelbröseln ausstreuen. Puddingmasse reinfüllen. Form schließen. 60 Minuten im Wasserbad kochen.

Form aus dem Wasser nehmen. Kurz unter kaltem Wasser abschrecken. Form 10 Minuten stehen lassen. Dann den Pudding auf eine vorgewärmte Platte stürzen und sofort servieren.

Beilage: Fruchtsoße oder Kompottfrüchte.

 Anstelle von Mandeln können Sie auch geriebene Haselnüsse verwenden.

# Reispudding

Milch, Margarine, Zimtstange und Salz in einem Topf aufkochen. Den gewaschenen und gut abgetropften Reis reinschütten und bei schwacher Hitze zugedeckt 30 Minuten quellen lassen. Zimtstange rausnehmen.

Eigelb mit der Hälfte des Zuckers und der Zitronenschale in einer Schüssel schaumig schlagen. In den Reis rühren. Eiweiß mit dem Rest des Zuckers zu steifem Schnee schlagen. Mit den gewaschenen und gut abgetropften Sultaninen unter den Reis heben.

Puddingform und Deckel mit Butter einfetten und mit Zucker ausstreuen. Reis einfüllen. Form schließen und ins kalte Wasserbad setzen. Wasser aufkochen lassen. Pudding darin 75 Minuten bei mittlerer Hitze kochen lassen. Form rausnehmen und in kaltes Wasser tauchen. Form 10 Minuten stehen lassen. Anschließend den Pudding auf eine Platte stürzen.

Während der Pudding kocht, für die Soße Aprikosen mit Saft und Zucker in einen Topf geben. Aufkochen und 5 Minuten kochen lassen. Durch ein Sieb in eine Schüssel passieren. Mit Zitronensaft und Aprikosenlikör oder Rum abschmecken. Heiß zum Pudding servieren. Sie können auch eine andere Fruchtsoße dazu reichen.

**Zutaten für 4 Personen**

$^1/_2$ l Milch
25 g Margarine
1 Stange Zimt
1 Prise Salz
125 g Rundkornreis
3 Eigelb
50 g Zucker
abgeriebene Schale einer
halben Zitrone
3 Eiweiß
75 g Sultaninen
Butter zum Einfetten
Zucker zum Ausstreuen
Für die Soße:
$^1/_2$ Dose Aprikosenhälften
(200 g)
50 g Zucker
Saft einer Zitrone
2 Glas (je 2 cl)
Aprikosenlikör oder Rum

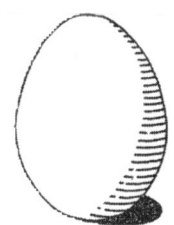

# Hefenudeln mit Kirschen

**Zutaten für 4 Personen**

500 g Mehl
30 g Hefe
1/8 l lauwarme Milch
1 Teelöffel Zucker
125 g Margarine
40 g Zucker
3 Eier
1 Prise Salz
500 g frische Sauerkirschen
Margarine zum Einfetten
50 g Butter

Mehl in eine Schüssel geben. Eine Mulde in die Mitte drücken. Hefe reinbröckeln. Mit etwas lauwarmer Milch, Zucker und etwas Mehl zum Vorteig verrühren. Zugedeckt etwa 15 Minuten an einem warmen Ort gehen lassen.

In einer anderen Schüssel Margarine, Zucker und Eier schaumig rühren. Diese Mischung, restliche Milch und eine kräftige Prise Salz in den Vorteig geben. Kneten, bis sich der Teig vom Schüsselrand löst.

Sauerkirschen waschen, mit Haushaltspapier trocknen. Dann entsteinen.

Vierzehn Klöße um je 6 Sauerkirschen formen. Eine Auflaufform einfetten. Die Klöße dicht nebeneinander reinsetzen. An einem warmen Ort 40 Minuten zugedeckt gehen lassen.

Butter in einem Topf zergehen lassen, dann etwas abkühlen, Klöße damit bepinseln. Form in den vorgeheizten Ofen auf die unterste Schiene stellen. Backzeit: 40 Minuten bei 200 Grad.

Form aus dem Ofen nehmen und sofort servieren. Portionsweise mit dem Löffel aus der Form nehmen.

Wann reichen? Hefenudeln mit Kirschen können ein Mittagessen ersetzen. Vanillesoße oder flüssige Sahne dazu servieren.

# Mohn-Kließla

Die Klöße (Kließla) sucht man in diesem Rezept vergebens. Die sehr sättigende Süßspeise heißt nur so.

Von den Brötchen die Kruste abreiben. Brötchen in geichmäßige Scheiben schneiden, nebeneinander auf eine Platte legen. Milch und Zucker in einem Topf erhitzen. Brötchen mit der Hälfte der gezuckerten Milch beträufeln. Mohn in eine Schüssel geben. Mit der restlichen kochenden Milch übergießen und 10 Minuten quellen lassen. Rum, gewaschene, trockengetupfte Rosinen und gehackte Mandeln untermischen.
Beträufelte Brötchen und Mohnbrei abwechselnd in eine Glasschüssel einschichten. Letzte Schicht: Mohn. Bis zum Servieren zugedeckt im Kühlschrank aufbewahren.

Die Brötchen können Sie auch durch Zwieback ersetzen. Kaufen Sie Mohn immer nur in kleinen Mengen, denn durch den hohen Fettgehalt wird er bei längerer Lagerung leicht ranzig.

**Zutaten für 4 Personen**

2 altbackene Brötchen
$1/2$ l Milch
4 Eßlöffel Zucker
250 g gemahlener Mohn
5 Eßlöffel Rum
50 g Rosinen
50 g gehackte Mandeln

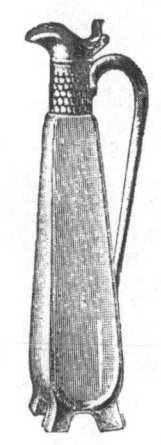

Kuchen
und
Kleingebäck

# Nürnberger Elisenlebkuchen

## Zutaten

3 Eier
250 g Farinzucker
1 Päckchen Vanillinzucker
3 Eßlöffel Speisestärke
3 Eßlöffel Mehl
1 Messerspitze Backpulver
$1/2$ Päckchen
Lebkuchengewürz
$1/2$ Fläschchen Rum-Aroma
75 g gewürfeltes Orangeat
125 g ungeschälte
gemahlene Mandeln
125 g gemahlene
Haselnüsse
34 Oblaten
(7 cm Durchmesser)
Für die helle Glasur:
75 g Puderzucker
1 Eßlöffel heißes Wasser
Für die dunkle Glasur:
100 g Kuvertüre
30 g Hagelzucker zum
Bestreuen
17 geschälte Mandeln

Eier in einer Schüssel schaumig schlagen. Zucker und Vanillinzucker nach und nach zugeben. Schlagen, bis die Masse cremig wird. Speisestärke, Mehl, Backpulver, Lebkuchengewürz, Rum-Aroma, Orangeat, Mandeln und Haselnüsse zugeben. Gut verrühren. Auf jede Oblate ein Teighäufchen setzen. Aufs Backblech legen. In den vorgeheizten Ofen auf die mittlere Schiene schieben. Backzeit: 25 Minuten bei 160 Grad.
In der Zwischenzeit für die helle Glasur Puderzucker in eine Schüssel sieben. Mit heißem Wasser verrühren. Für die Schokoladenglasur Kuvertüre im Wasserbad auflösen.
Blech aus dem Ofen nehmen. Lebkuchen auf einen Kuchendraht geben. Die Hälfte mit der hellen, die restlichen mit der Schokoladenglasur bestreichen. Auf die helle Glasur Hagelzucker streuen. In die Lebkuchen mit Schokoladenglasur je eine Mandel drücken. Ergibt 34 Stück.

# Lebkuchen mit Füllung

Für den Teig Honig und Butter in einem Topf unter Rühren langsam erwärmen, bis eine geschmeidige Masse entsteht. In eine Schüssel geben und etwas abkühlen lassen. Mehl, Ei, Zucker, Salz, Rum, Backpulver, die Gewürze und Zitronenschale dazugeben. Soweit wie möglich alles miteinander verrühren und dann zu einem geschmeidigen Teig kneten.

Für die Füllung Honig in einem Topf erwärmen, bis er flüssig wird. Schokolade, Haselnüsse und Rum drunterrühren. Rosinen in einem Sieb unter heißem Wasser waschen. Abtropfen lassen und in einem Küchentuch trockenreiben. In die Füllmasse geben.

Teig auf der bemehlten Arbeitsfläche in der Breite eines Backbleches etwa 3 mm dick ausrollen. Halbieren. Eine Teigplatte auf das eingefettete Blech legen. Füllung draufstreichen und mit der zweiten Teigplatte abdecken. Blech in den vorgeheizten Ofen auf die mittlere Schiene schieben. Backzeit: 40 Minuten bei 180 Grad.

Lebkuchen aus dem Ofen nehmen und sofort in 3 cm mal 6 cm große Rechtecke schneiden. Vom Blech lösen und auf einem Kuchendraht abkühlen lassen. Ergibt 72 Stück.

**Zutaten**

**Für den Teig:**
200 g Honig
75 g Butter
500 g Mehl
1 Ei
120 g Zucker
1 Prise Salz
1 Eßlöffel Rum
1 gehäufter Teelöffel Backpulver
$1/2$ Teelöffel gemahlene Nelken
1 Messerspitze gemahlener Kardamom
2 Teelöffel Zimt
abgeriebene Schale eine halben Zitrone

**Für die Füllung:**
100 g Honig
100 g geriebene Blockschokolade
200 g gemahlene Haselnüsse
2 Eßlöffel Rum
250 g kernlose Rosinen
Mehl zum Ausrollen
Margarine zum Einfetten

Lebkuchen in einer verschlossenen Blechdose oder einem Steinguttopf mit Deckel aufheben. Sie bleiben einige Wochen frisch.

# Zimtsterne

**Zutaten**

500 g ungeschälte Mandeln
4 Eiweiß
1 Prise Salz
300 g Puderzucker
1 Eßlöffel Zitronensaft
2 Teelöffel gemahlener Zimt
Margarine zum Einfetten

In alten Chroniken der Stadt Nürnberg ist nachzulesen, daß in früheren Zeiten die Zimtsterne ebenso zum traditionellen Weihnachtsgebäck der Lebkuchenstadt gehörten wie die Lebkuchen selber. Der Grund mag darin liegen, daß fränkische Handelshäuser neben anderen Gewürzen auch den begehrten und teuren Zimt mit in ihre Heimat brachten, während er in anderen Gegenden noch unbekannt oder den Bewohnern zu teuer war.

Mandeln in einem Küchentuch abreiben. Durch die Mandelmühle drehen oder in der Küchenmaschine fein mahlen. Eiweiß mit Salz in einer Schüssel sehr steif schlagen. Unter weiterem Schlagen langsam den gesiebten Puderzucker und tropfenweise den Zitronensaft zugeben. Von dem Eiweißschaum 4 Eßlöffel abnehmen. Zugedeckt beiseite stellen. 450 g Mandeln und Zimt vorsichtig mit dem Eischnee vermengen.
Die Arbeitsfläche mit den restlichen gemahlenen Mandeln bestreuen. Den Teig darauf in kleinen Portionen vorsichtig (der Teig reißt leicht) 5 mm dick ausrollen. Sterne (Durchmesser etwa 6 cm) ausstechen. Ein Backblech mit Pergamentpapier oder Alufolie auslegen und mit Margarine einfetten. Zimtsterne darauf legen und mit dem zurückbehaltenen Eiweißschaum bestreichen.
Backblech in den vorgeheizten Ofen auf die mittlere Schiene schieben. Die Zimtsterne sollen mehr trocknen als backen. Backzeit: 25 Minuten bei 160 Grad. Zimtsterne rausnehmen, mit einer Palette

vorsichtig vom Backpapier lösen und auf einem Kuchendraht auskühlen lassen. In gut verschlossenen Behältern aufbewahren. Ergibt 65 Stück.

 Beim Ausstechen den Teig gut ausnutzen. Die Teigreste können nämlich nicht wieder ausgerollt werden. Am besten kleine Kugeln daraus formen und mit einer bemehlten Gabel flachdrücken.

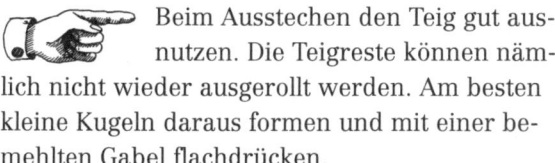

# Nürnberger Lebkuchen

E ier und Zucker in einer Schüssel schaumig rühren. Zitronat, Orangeat und in Wasser aufgelöstes Hirschhornsalz und Mandeln zugeben. Mehl mit den Gewürzen mischen und in die Zuckermasse rühren. Den Teig 5 Stunden ruhen lassen.
Oblaten mit dem Teig bestreichen. Aufs Backblech legen, über Nacht trocknen lassen. In den vorgeheizten Ofen auf die mittlere Schiene schieben. Die Ofentür dabei nicht ganz schließen.
Backzeit: 20 Minuten bei 160 Grad.
Ergibt 35 Stück.

Die Lebkuchen sind zunächst hart und müssen daher erst vierzehn Tage in einer Blechdose aufbewahrt werden, bevor man sie essen kann.

**Zutaten**

4 Eier
250 g Zucker
je 70 g gewürfeltes
Zitronat und Orangeat
1 Teelöffel Wasser
2 g Hirschhornsalz
70 g gehackte Mandeln
250 g Mehl
5 g Zimt
je 1 Messerspitze
Nelkenpulver
geriebene Muskatnuß und
Kardamom
35 Oblaten
(12 × 5 cm)

# Springerle

**Zutaten**

4 Eier
500 g Puderzucker
1 Eßlöffel Rum
1 Prise Hirschhornsalz
abgeriebene Schale
einer Zitrone
1 Prise Salz
500 g Mehl
Mehl zum Ausrollen und
Bestäuben
Margarine zum Einfetten
2 Eßlöffel Anissamen

Springerle sind eigentlich ein urschwäbisches Weihnachtsgebäck, aber auch in Franken sind sie beliebt und heißen dort Eierzucker. Zum Backen werden alte Holzmodeln verwendet, die von Generation zu Generation vererbt wurden. Früher schnitzte man die Modeln selber, aus Holz und auch aus Leder. Ihren Namen haben die Springerle vermutlich deshalb, weil der Teig beim Backen fast um die Hälfte aufgeht.

Eier und Zucker 20 Minuten schaumig rühren. In Rum aufgelöstes Hirschhornsalz, Zitronenschale und Salz dazugeben. Mehl unterrühren. Den Teig gut durchkneten. 3 Stunden zugedeckt im Kühlschrank ruhen lassen.
Arbeitsfläche mit Mehl bestäuben. Teig darauf 7 mm dick ausrollen. Bemehltes Holzmodel darauflegen. Fest andrücken. Wiederholen, bis die ganze Teigfläche bedruckt ist. Teig ringsum abschneiden oder abrädeln. Mit einem Messer aufs gefettete, dünn mit Anis bestreute Backblech setzen. Mit einem Küchentuch bedeckt an einer kühlen Stelle 12 Stunden stehen lassen.
Blech in den vorgeheizten Ofen auf die mittlere Schiene schieben. Backzeit: 30 Minuten bei 160 Grad. Die Springerle müssen weiß bleiben und gleichmäßig hoch werden. (Plätzchen eventuell nach 15 Minuten Backzeit mit Pergamentpapier bedecken.)
Blech aus dem Ofen nehmen. Jedes Plätzchen mit einem trockenen Pinsel von Mehlrückständen befreien. Ergibt 112 Stück.

Wenn Sie die Springerle zu Weih-
nachten essen wollen, sollten Sie
sich mindestens drei Wochen vor dem Fest ans
Backen machen. Das Gebäck in verschlossener
Blechdose kühl und trocken aufbewahren.

# Nürnberger Busserl

Eier und Zucker in einer Schüssel schaumig
rühren. Honig nach und nach zugeben. Haselnüsse und Mehl mit Backpulver unterrühren.
Gewürze zugeben. Teig gut durchkneten. Zitronat
und Orangeat reinkneten.
Aus dem Teig mit angefeuchteten Händen Kugeln
von 2 cm Durchmesser formen. In jede Kugel ein
Stück Zitronat drücken. Auf das eingefettete Backblech setzen. In den vorgeheizten Ofen auf die
mittlere Schiene schieben. Backzeit: 15 Minuten
bei 180 Grad.
Blech aus dem Ofen nehmen. Busserl auf einem
Kuchendraht auskühlen lassen.
Ergibt 104 Stück.

**Zutaten**

4 Eier
250 g Farinzucker
250 g Honig
50 g gemahlene Haselnüsse
1 kg Mehl
1 Päckchen Backpulver
1/2 Teelöffel Zimt
1 Messerspitze
gemahlene Nelken
30 g gewürfeltes Zitronat
30 g gewürfeles Orangeat
Außerdem:
50 g Zitronat
Margarine zum Einfetten

# Nürnberger Butterplätzchen

### Zutaten

250 g Butter
250 g Zucker
1 Päckchen Vanillezucker
3 Eier
1 gestr. Teelöffel Zimt
500 g Mehl
2 gestr. Teelöffel Backpulver

In Nürnberg werden diese köstlichen Plätzchen als „der Butterzeuch" bezeichnet. Sie sind traditionelles Weihnachtsgebäck. Wem das Ausstechen der Plätzchen zu lange dauert, verarbeitet den Teig als Spritzgebäck. Sie können zusätzlich 1–2 Teelöffel Rum in den Teig geben.

Butter in einer Schüssel glattrühren. Mit Zucker und Vanillezucker schaumig schlagen. Die aufgeschlagenen Eier einzeln reinrühren, Zimt zugeben. Mehl mit Backpulver mischen und portionsweise unterrühren. Kräftig durcharbeiten. Den Teig zugedeckt 2 Stunden in den Kühlschrank stellen.
Den Teig auf einer bemehlten Arbeitsfläche 3–4 mm dick ausrollen und beliebige Formen ausstechen. Über Nacht kühl stellen. Plätzchen auf ein gefettetes Backblech legen und auf der mittleren Schiene im vorgeheizten Backofen 15–20 Minuten bei 175–200 Grad backen.

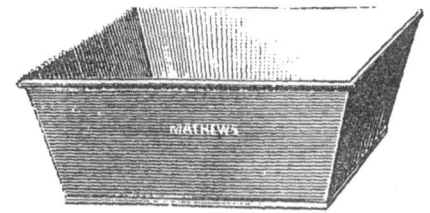

# Kissinger Brötchen

Kissinger Brötchen sind eine fränkische Spezialität. Eigentlich sind es gar keine Brötchen, sondern Plätzchen, Doppeldecker sozusagen. Darum schmecken sie natürlich doppelt gut. Ob sie in der Gemeinde Kissing oder in dem Kurort Bad Kissingen zuerst gebacken wurden, läßt sich nicht mehr so genau feststellen.

Für den Teig Mehl, Haselnüsse und Backpulver in einer Schüssel mischen. In die Mitte eine Mulde drücken. Zucker, Salz, Zimt und Ei reingeben. Margarine in Flöckchen auf dem Mehlrand verteilen. Von außen nach innen schnell einen glatten Teig kneten. 30 Minuten zugedeckt in den Kühlschrank stellen.

Mehl auf ein Backbrett oder eine andere Arbeitsfläche stäuben. Teig darauf etwa 1/2 cm dick ausrollen. Mit einem Glas von 3 cm Durchmesser runde Plätzchen ausstechen. Backblech einfetten. Mit Plätzchen belegen. In den vorgeheizten Ofen auf die obere Schiene schieben. Backzeit: 10 Minuten bei 220 Grad.

Blech aus dem Ofen nehmen. Plätzchen vom Blech lösen. Auf einem Kuchendraht abkühlen lassen. Aprikosenmarmelade in einer Schüssel glattrühren. Auf die Hälfte der Plätzchen verteilen. Mit je einem Plätzchen belegen.

Für die Garnierung Kuvertüre im Wasserbad auflösen. Plätzchen damit überziehen. Ränder in den geriebenen Haselnüssen rollen. Auf jedes Plätzchen eine Walnußhälfte drücken. Trocknen lassen. Ergibt 48 Stück.

**Zutaten**

**Für den Teig:**
150 g Mehl
150 g geriebene Haselnüsse
1 gestrichener Teelöffel Backpulver
150 g Zucker
1 Prise Salz
1/2 Teelöffel Zimt
1 Ei
100 g Margarine
Mehl zum Ausrollen
Margarine zum Einfetten
**Für die Füllung:**
1/2 Glas Aprikosenmarmelade (220 g)
**Für die Garnierung:**
150 g Kuvertüre
125 g geriebene Haselnüsse
48 Walnußhälften

# Fränkische Küchle

**Zutaten**

500 g Mehl
30 g Hefe
1 Teelöffel Zucker
$1/4$ l Milch
2 Eier
80 g Zucker
1 Prise Salz
etwas abgeriebene
Zitronenschale
80 g Margarine
500 g Kokosfett oder
$1/2$ l Öl zum Fritieren
Zucker zum Bestreuen

Auszog'ne sagen die Bayern zu dieser Köstlichkeit, Knienudeln oder Küchle nennen sie die Franken. Auf jeden Fall sind sie das typische Kirchweihgebäck.

Mehl in eine Schüssel geben. Hefe reinbröckeln. Einen Teelöffel Zucker draufstreuen. Milch lauwarm werden lassen. Die Hälfte davon auf die Hefe geben. Zum Vorteig verrühren. Gehen lassen. Das dauert etwa 20 Minuten. Dann die übrige Milch, Eier, Zucker, Salz und Zitronenschale auf den Vorteig geben. Margarine am Mehlrand in Flöckchen verteilen. Von innen nach außen die Zutaten verrühren. Gut durchkneten, bis sich der Teig vom Schüsselrand löst. Teig zu Kugeln von etwa 5 cm Durchmesser formen. Auf bemehltem Brett noch etwa 20 Minuten gehen lassen.
Dann jede Kugel mit bemehlten Händen von der Mitte nach den Rändern zu so dünn ausziehen, daß die Mitte durchsichtig ist. Aber reißen darf sie nicht.
Kokosfett oder Öl im Fritiertopf erhitzen. Küchle ins Fett geben. Auf beiden Seiten je 3 Minuten goldbraun backen. Darauf achten, daß die dünne Mitte weiß bleibt. Beim Wenden darf sie also kein heißes Fett mitbekommen. Rausnehmen. Gut abtropfen lassen. In Zucker wälzen. Ergibt 15 Stück.

# Pomeranzenbrötchen

Pomeranzen, auch Bitter- oder Sevillaorangen genannt, sind die unansehnlichen Verwandten der Apfelsine: Klein, höckrig, beim Reinbeißen kein Genuß! Das Wichtigste an ihnen ist die dicke Schale: Wenn's die nicht gäbe, wäre unser Backwerk um eine pikante Zutat und Geschmacksnuance ärmer. Pomeranzenschalen ergeben nämlich – mit Zucker eingekocht – das uns so liebgewordene Orangeat!

Zitronat und Orangeat fein hacken. Eier und Zucker in einer Schüssel schaumig rühren. Mandeln, abgeriebene Zitronenschale, Zitronat, Orangeat und Mehl drunterrühren.
Backblech mit Margarine einfetten und mit Mehl bestäuben. Teig teelöffelweise abstechen und aufs Backblech setzen. Etwas flachdrücken. Zitronat sehr fein hacken. Pomeranzenbrötchen damit garnieren. 60 Minuten ruhen lassen.
Das Blech in den vorgeheizten Ofen auf die mittlere Schiene schieben. Backzeit: 20 Minuten bei 200 Grad. Rausnehmen, vom Blech lösen und auf einem Kuchendraht abkühlen lassen. Ergibt 40 Stück.

Wenn man aus diesem Teig Kugeln mit einem Durchmesser von 1½ cm formt, heißt das Gebäck Pomeranzennüsse. Es wird 20 Minuten bei 180 Grad gebacken.

**Zutaten**

20 g Zitronat
40 g Orangeat
3 Eier
250 g Zucker
50 g gemahlene Mandeln
abgeriebene Schale einer
halben Zitrone
250 g Mehl
Margarine zum Einfetten
Mehl zum Bestäuben
50 g Zitronat zum Garnieren

# Fränkischer Käsekuchen

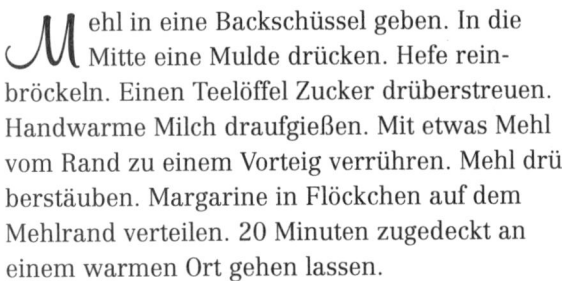

**Zutaten**

**Für den Hefeteig:**
500 g Mehl
40 g Hefe
1 Teelöffel Zucker
knapp ¹/₄ l handwarme Milch
165 g Margarine
65 g Zucker
1 Prise Salz
1 kleines Ei
Margarine zum Einfetten
**Für den Belag:**
1 kg Magerquark
1 Tasse Milch (¹/₈ l)
4 Eier
150 g Zucker
1 Päckchen Vanillinzucker
1,5 kg Äpfel

Mehl in eine Backschüssel geben. In die Mitte eine Mulde drücken. Hefe reinbröckeln. Einen Teelöffel Zucker drüberstreuen. Handwarme Milch draufgießen. Mit etwas Mehl vom Rand zu einem Vorteig verrühren. Mehl drüberstäuben. Margarine in Flöckchen auf dem Mehlrand verteilen. 20 Minuten zugedeckt an einem warmen Ort gehen lassen.

Dann den Zucker in die Mitte streuen. Salz und Ei draufgeben. Mit dem Löffel verrühren. Dabei Mehl vom Rand einarbeiten. Dann von außen nach innen einen Teig kneten. So lange, bis er sich vom Schüsselrand löst und trocken ist. Fettpfanne (oder ein Backblech mit hohem Rand) einfetten. Teig darauf ausrollen. Zugedeckt nochmal 20 Minuten gehen lassen.

Magerquark mit Milch in einer Schüssel sahnig rühren. Auf dem Hefeteig verstreichen. Dann die Eier mit Zucker und Vanillinzucker verquirlen und über den Quark verteilen.

Die geschälten, geviertelten, entkernten Äpfel in dünne Schnitze schneiden (das kann man machen, während der Teig geht). Kuchen damit gleichmäßig belegen. Nochmal 10 Minuten gehen lassen und in den vorgeheizten Ofen auf die mittlere Schiene schieben. Backzeit: 35 Minuten bei 200 Grad. Aus dem Ofen nehmen, abkühlen lassen und in 30 Stücke schneiden.

# Coburger Schmätzle

Dieses Gebäck kommt aus Oberfranken. Und zwar aus Coburg an der Itz. Aber natürlich backt man es auch rund um Coburg herum. Schmätzle heißt in Oberfranken übrigens Küßchen.

Mehl, Backpulver und Farinzucker mischen. Auf ein Backbrett oder in eine Schüssel geben. In die Mitte eine Mulde drücken. Darein kommen Eier, Honig, Kakao, Zimt und Pfefferkuchengewürz. Mit Milch, gehackten Mandeln oder Haselnüssen und Zitronat verkneten. Den Teig 30 Minuten im Kühlschrank ruhen lassen. Anschließend 2 cm dicke Rollen formen. Etwa 2 cm dicke Plätzchen davon abschneiden. Backblech mit Alufolie belegen. Plätzchen drauflegen. Bitte in großem Abstand voneinander. In den vorgeheizten Ofen schieben. Backzeit: 10 bis 15 Minuten bei 200 Grad. Ergibt 120 Stück.

**Zutaten**

500 g Mehl
1 Teelöffel Backpulver
750 g Farinzucker
2 Eier
2 Eßlöffel Honig
1 Teelöffel Kakao
1 Teelöffel Zimt
1 Teelöffel Pfefferkuchengewürz
$1/2$ Tasse Milch
100 g feingehackte Mandeln oder Haselnüsse
50 g feingewürfeltes Zitronat

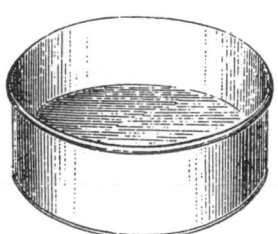

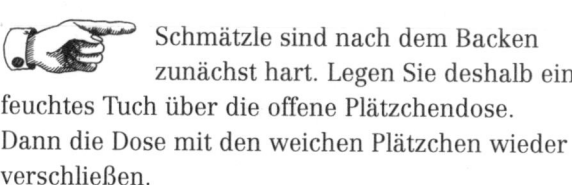 Schmätzle sind nach dem Backen zunächst hart. Legen Sie deshalb ein feuchtes Tuch über die offene Plätzchendose. Dann die Dose mit den weichen Plätzchen wieder verschließen.

# Nußrolle

**Zutaten**

**Für den Teig:**
500 g Mehl
40 g Hefe
50 g Zucker
1/4 l lauwarme Milch
100 g weiche Margarine
abgeriebene Schale einer
Zitrone
1 Prise Salz
Mehl zum Ausrollen
**Für die Füllung:**
120 g Walnußkerne
1/4 l Milch
25 g Speisestärke
120 g Zucker
**Außerdem:**
Butter zum Bestreichen
Puderzucker zum Bestreuen

Für den Teig Mehl in eine Schüssel geben. Mulde in die Mitte drücken. Hefe reinbröckeln. Mit einem Teelöffel Zucker, etwas lauwarmer Milch und etwas Mehl vom Rand zu einem Vorteig verrühren. 15 Minuten zugedeckt an einem warmen Ort gehen lassen.

Restlichen Zucker und die übrige Milch zugeben. Margarine in Flöckchen auf dem Mehlrand verteilen. Zitronenschale und Salz zugeben. Kneten, bis der Teig trocken ist und sich vom Schüsselrand löst. 20 Minuten zugedeckt gehen lassen. Backbrett oder Arbeitsfläche mit Mehl bestäuben. Teig darauf zu einem Rechteck von 50 × 70 cm ausrollen.

Für die Füllung Walnußkerne durch die Mandelmühle drehen. Milch in einem Topf aufkochen. Speisestärke mit etwas kaltem Wasser anrühren. Mit dem Zucker mischen und in die vom Herd genommene Milch rühren. Geriebene Walnüsse zugeben. Kurz aufkochen, dann etwas abkühlen lassen. Auf den Teig streichen. Zu einer Rolle formen, kranzförmig legen.

Backblech mit Margarine einfetten, Rolle drauflegen. Oberseite mit einem scharfen Messer im Abstand von 3 cm tief einschneiden. Zugedeckt 30 Minuten an einem warmen Ort gehen lassen. Blech in den vorgeheizten Ofen auf die mittlere Schiene schieben. Backzeit: 40 Minuten bei 200 Grad. Die Nußrolle nach dem Backen mit flüssiger Butter bestreichen und mit Puderzucker bestreuen.

# Würzburger Marzipan

W ürzburger Marzipan hat mit dem, was man allgemein unter Marzipan versteht, nicht das mindeste zu tun. Zwar ist es auch eine lockere, leckere Köstlichkeit. Aber es handelt sich doch um Gebäck, das seinen irreführenden Namen wohl nur der marzipanähnlichen, hellen Farbe verdankt und außerdem die Ähnlichkeit mit Springerle nicht verleugnen kann.

Eier aufschlagen und in eine Schüssel geben. Zucker, Salz und Hirschhornsalz drüberstreuen. Mit dem Handrührgerät in 10 Minuten zu dickem, weißem Schaum rühren. (Mit dem Schneebesen brauchen Sie etwa 35 Minuten.) Mehl und Anis mischen und unter den Teig kneten.
Teig mit einem Küchentuch zugedeckt einen Tag ruhen lassen. Dann auf bemehlter Arbeitsfläche 5 mm dick ausrollen. Teig in Holzmodeln (Springerleformen) drücken. Aus den Modeln heben und auf ein Backblech legen. Das Gebäck über Nacht mit einem Küchentuch bedeckt an einer warmen Stelle ruhen lassen.
Zum Backen das Blech auf die mittlere Schiene in den vorgeheizten Ofen schieben. Backzeit: 20 Minuten bei 160 Grad. Ergibt 80 Stück.

 Würzburger Marzipan soll trocken und weiß – nicht gelb – werden.
2 bis 3 Wochen in einer verschlossenen Blechdose aufheben.

**Zutaten**

4 Eier
500 g Zucker
1 Prise Salz
1 Messerspitze
Hirschhornsalz
500 g Mehl
1 Teelöffel gemahlener Anis
Mehl zum Ausrollen

# Rezeptverzeichnis

*Die Redaktion dankt Holger
Denecke, Sommerach, für
seine freundliche Unter-
stützung.*

Der Mosaik-Verlag ist ein
Unternehmen der Verlagsgruppe
Bertelsmann

© 1996 Mosaik Verlag GmbH
München / 5 4 3 2 1
Satz: Filmsatz Schröter
Druck und Bindung: Graphischer
Großbetrieb Pößneck GmbH
Printed in Germany
ISBN 3-576-10582-4

# Die beliebtesten Rezepte aus deutschen Landen!

Diese liebenswert nostalgischen Kochbücher zeigen, wie vielfältig die deutsche Küche ist, und bieten ein Kaleidoskop regionaler Rezepte. Neben allseits bekannten Gerichten wie Hamburger Matjes, Berliner Buletten, Thüringer Gänsebraten und schwäbischen Maultaschen finden sich typische Spezialitäten wie Kölscher Kaviar oder Himmel und Erde. Der Einheimische wird sich mit Freude an seine Kindheit erinnern, während Fremde über die Vielfältigkeit der traditionellen deutschen Eßkultur staunen dürfen.

Jeder Band ist eigenständig und ein ideales Geschenk für Freunde oder durchreisende Touristen. Als Sammlung wird die Reihe ein unschätzbarer Fundus der besten deutschen Rezepte sein.

Mosaik